青春期，这样跟男孩沟通更有效

张明 ◎ 编著

中国纺织出版社有限公司

内 容 提 要

与青春期男孩进行有效沟通，必须清楚青春期孩子的生理特点和心理特点。当父母发现男孩言行与过去不一样时，需要主动和其沟通，帮助他树立正确的人生观，让他知道什么能做什么不能做，分清什么是好什么是坏，要像朋友一样交流，才能在沟通中引导男孩顺利度过青春期。

本书详细剖析了青春期男孩的生理特点与心理特点，同时引入大量生动而又鲜活的生活案例，得出许多具体而有效的沟通策略，对于正在苦恼如何与孩子沟通的父母具有较好的借鉴和指导意义。

图书在版编目（CIP）数据

青春期，这样跟男孩沟通更有效 / 张明编著. --北京：中国纺织出版社有限公司，2024.2
ISBN 978-7-5229-0309-5

Ⅰ.①青… Ⅱ.①张… Ⅲ.①男性—青春期—家庭教育 Ⅳ.①G782

中国国家版本馆CIP数据核字（2023）第019016号

责任编辑：刘桐妍　　责任校对：高　涵　　责任印制：储志伟

中国纺织出版社有限公司出版发行
地址：北京市朝阳区百子湾东里A407号楼　邮政编码：100124
销售电话：010—67004422　传真：010—87155801
http://www.c-textilep.com
中国纺织出版社天猫旗舰店
官方微博 http://weibo.com/2119887771
鸿博睿特（天津）印刷科技有限公司印刷　各地新华书店经销
2024年2月第1版第1次印刷
开本：710×1000　1/16　印张：12.5
字数：117千字　定价：49.80元

凡购本书，如有缺页、倒页、脱页，由本社图书营销中心调换

前　言

对刚刚进入青春期的男孩进行教育，就是一个需要不断与之进行对话的过程，父母在这一阶段不断地调整与孩子之间的关系，进行坦率的沟通。如果父母与孩子能有一个有效的沟通，可以解决很多父母与孩子之间的矛盾和沟通障碍，从而引导孩子健康快乐地成长。

一位美国心理学教授在研究了两万名青少年之后发现：那些喜欢把日常琐碎向父母倾诉的青少年，较少出现学习成绩不好或染上不良习惯的现象。在日常生活中，大部分青少年在11岁之前，几乎和父母无话不谈，父母总是他们最先想要倾诉的对象。但是，到了青春期之后，情况就变得恰恰相反。进入青春期的男孩，遇到事情总会先找朋友倾诉，然后是老师，最后才轮到自己的父母。在这一阶段，越来越多的父母感觉难以与孩子进行足够有效的沟通。青春期的亲子沟通正在出现越来越多难以逾越的障碍。

与青春期男孩沟通真的很难吗？其实不然，很大一部分原因在于父母没有找到正确的沟通方法。在实际沟通中，父母应该变说教为身教，许多孩子很反对父母灌输大道理、居高临下的说教，而身教则是身体力行，父母多说不如少说多做，孩子自然能从中找到榜样的影子。父母在与孩子沟通时，要把指令变为商议，青春期的孩子并不会惧于你的威慑，他们反感那些带有强制性的指令，假如换成商议的方式，用温柔的口吻和孩子说话，对方反而容易接受。同时，父母要给予孩子更多的肯定和关爱，不要总对孩子说"你太笨了"，或者唠叨个没完，找到孩子擅长的一面加以肯定，会激发出孩子的内在动力。青春期男孩叛逆的原因之一在于感受不到父母的爱，因为这种爱被没完没了的唠叨、指责、说教隔断了，如果这时父母能给予孩子无条件的信任和爱，那就足以软化孩子的抵抗情绪，亲子之间的沟通自然能够趋于和谐。

　　当然，最重要的是，父母对孩子应该由管制转向放手。父母总以为孩子还小，需要严加管教，管着孩子的生活、学习、交友等，殊不知这样的管制，反而让孩子失去了责任感，缺乏自制力。一旦孩子在管制中感受到压迫和不自由，就会想要摆脱束缚，寻求自我空间，于是就越来越叛逆，导致"越管，孩子越叛逆"的现象。所以，父母该放手时就放手，引导孩子为自己负责，该信任就信任，给孩子成长的机会。

编著者
2022年7月

目　录

做好沟通准备，了解青春期男孩的心理特征

- 青春期男孩的多变情绪　　　　　　　　　　　003
- 正确理解青春期男孩的个性　　　　　　　　　006
- 青春期是男孩的心理断乳期　　　　　　　　　009
- 渴望独立的青春期男孩　　　　　　　　　　　013
- 青春期男孩情绪的晴雨表　　　　　　　　　　016

找到沟通方法，了解青春期男孩的成长特点

- 面对受挫折的孩子，适当安抚其情绪　　　　　021
- 面对喜欢攀比的孩子，教他克制虚荣心　　　　024
- 面对爱顶嘴的孩子，巧用缓冲效应　　　　　　027
- 面对爱比较的孩子，引导其正确比较　　　　　030
- 面对喜欢生气的孩子，教他做好情绪管理　　　033

注重沟通技巧，尊重青春期男孩的成长规律

- 父母盲目比较会伤害孩子　　　　　　　　　039
- 别让唠叨成为孩子的烦恼　　　　　　　　　042
- 与青春期男孩进行有效沟通　　　　　　　　045
- 对孩子请摒弃棍棒式教育　　　　　　　　　048
- 别总是把他当小孩子　　　　　　　　　　　051

做好沟通引导，正面引导男孩的叛逆行为

- 青春期的男孩撒谎为哪般　　　　　　　　　057
- 引导孤独的男孩打开心扉　　　　　　　　　060
- 有效处理青春期男孩的对抗情绪　　　　　　063
- 面对孩子的质疑，要耐心解释　　　　　　　066
- 正面管教青春期男孩的叛逆行为　　　　　　069
- 架起亲子之间心灵的桥梁　　　　　　　　　072

加强学习交流，让男孩在学习中找到乐趣

- 引导孩子克服考试焦虑情绪　　　　　　　　077
- 让男孩自觉主动地学习　　　　　　　　　　080
- 小窍门让男孩记忆更出色　　　　　　　　　083
- 帮助孩子克服偏科的问题　　　　　　　　　086

- 引导孩子找到学习的乐趣　　　　　　　　089

6

塑造好品格，培养男孩良好的性格

- 自信是男孩成长的源泉　　　　　　　　095
- 独立自主，做有主见的男孩　　　　　　099
- 正确提高孩子的专注力　　　　　　　　103
- 培养男孩吃苦耐劳的品质　　　　　　　107

7

养成男子汉，引导男孩塑造正确的价值观

- 分析孩子偷窃的心理动机　　　　　　　113
- 让男孩成为一个有爱心的人　　　　　　117
- 培养孩子诚信考试的意识　　　　　　　120
- 青春期的男孩容易变坏　　　　　　　　124
- 让孩子找到学习的正确动机　　　　　　127

8

培养好心态，帮助男孩确立积极的人生观

- 培养男孩的自主意识　　　　　　　　　133
- 教会男孩做一个心存善良的人　　　　　137
- 每个男孩都应有自我反省的能力　　　　140
- 拥有良好心态的男孩更容易成功　　　　143

9 引导正确交友，教会孩子形成健康的友情观

- 正确引导孩子原谅别人　　　　　　　　149
- 让男孩学会欣赏他人　　　　　　　　　153
- 引导男孩理解真的义气　　　　　　　　156
- 主动道歉的男孩更容易获得原谅　　　　160

10 引导情感交流，帮助男孩理性对待青涩早恋

- 引导男孩把握与异性交往的尺度　　　　167
- 正确看待青春期男孩的暗恋　　　　　　170
- 传递给男孩正确的恋爱观　　　　　　　173
- 教会男孩分清爱与崇拜　　　　　　　　176

11 解答性困惑，正确对待男孩的性教育

- 青春期出现性梦是正常现象　　　　　　181
- 性教育，影响孩子的一生　　　　　　　185
- 引导孩子学会控制自己的性冲动　　　　188

参考文献　　191

① 做好沟通准备，了解青春期男孩的心理特征

　　随着青春期的到来，男孩的身体发育加快，思维也开始完善，他们开始思考自己，思考未来与人生，同时，他们会面临很多不解与困惑。此时，渴望独立的他们本能地希望摆脱这些不解与困惑，于是，他们变得叛逆起来……一些父母看到孩子出现与以往不同的举动，便会产生焦虑心理，甚至对孩子严加管教。实践证明，这种方法并没有太大的效果。其实，面对青春期孩子的叛逆，最好的方法是蹲下身来和孩子沟通，并建立一种平等的朋友关系，理解、支持你的孩子，建立起真正的亲密关系，让孩子真正接纳你！

■ 青春期男孩的多变情绪

家长的烦恼

宋太太的儿子桐桐已经上初二了,一天早上,桐桐在去学校的路上突然想起自己昨天晚上做的试卷忘记带了,就赶紧骑车往回赶。

当他掏出钥匙打开家门时,看到妈妈正从自己的房间出来,表情奇怪。桐桐径直走进自己的房间去拿试卷,但他推开房门后脸色马上变了,因为书桌的抽屉全部敞开着,自己的日记本、同学送的生日礼物及贺卡等全都胡乱地堆在桌子上。

桐桐非常生气地质问妈妈:"你为什么翻我的抽屉,随便动我的东西?"

没想到宋太太却比他还生气:"怎么了?当妈妈的看看儿子的东西还有错吗?"

"可是你应该经过我的允许才能看啊!"桐桐很愤怒地回答妈妈。

"小孩子有什么允许不允许的,别忘了我是你妈妈,好了,快去上学吧!"宋太太毫不在乎地对桐桐说。

心理分析

　　生活中，这样的场景并不少见。在不少父母看来，青春期是暴风雨般的季节，为了防止危险事件的发生，他们会偷看儿子的日记、检查信件、追查电话、查阅短信、翻查书包等。儿子毕竟还小，父母这样做也是在关心儿子，一切都是为了孩子的成长，防止孩子走入歧途。

　　一些懂事的男孩可能会理解父母这样做是出于对自己的爱护，但是，父母的这些行为是对男孩的不信任、不尊重，伤害了男孩的自尊心，让他们感到不舒服。于是，这些男孩对父母偷看他们的日记、私拆他们的信件很反感，甚至有些男孩总爱给自己使用的抽屉上锁。总之，父母和男孩之间出现了一道鸿沟。

　　其实，青春期是叛逆的年纪，这个阶段男孩的自尊心比其他任何阶段都要强，他们更渴望独立和别人的尊重。随着年龄的增长，他们对父母的依赖减少，独立意识逐渐增强，成人化倾向明显，希望别人尊重他们的自主性、独立性；同时，随着生活领域的扩大、知识信息的增多，他们的内心变得敏感起来，感情变得细腻起来，会产生许多想法，原先敞开的心扉渐渐关闭，有了自己的隐私；即使他们有不少话想说，但观点已经与父母有所不同了，于是他们与父母的心理沟通就会明显减少，转而把自己的"秘密"和内心的感受都倾诉在日记里。

　　这时，如果父母采取强硬和蛮横的手段，想方设法地查看男孩的日记、偷听男孩的电话等，无视男孩的感受，随意侵犯他的隐私，那么，男孩一定会产生一些负面情绪，并通过发脾气表现出来。有很多父母很纳闷，为什么孩子会发脾气？其实这是因为他们渴望被尊重。

专家建议

因此，家长在平时与男孩沟通的过程中，需要注意以下几点。

1.要把男孩看成一个独立的人，而不是附属品或者专有物品

孩子是个人，不是物品。他是人，就有感情，就有他自己的行为方式，就有他自己的独立人格，也有他自己的隐私权。

2.尊重男孩

青春期的男孩是未成年人，他们的一切都还处于可塑期，如果男孩从小就受到尊重，他便懂得自尊，也会懂得怎样去尊重别人。那些对人彬彬有礼的男孩，多是在家里受到尊重的孩子；那些蛮不讲理、行为粗鲁的男孩，在家里可能得不到家人的尊重，甚至经常受到伤害。所以，如果你想把自己的儿子培养成高素质、有教养的人，那么，你首先要做这样的人。要让孩子尊重你，你应当先尊重他。

3.用心观察男孩的成长

我们要用心观察男孩的成长，进入青春期的男孩，对父母的封闭性、对伙伴的开放性更显得突出，会有更多的隐私，这些"小大人"似的男孩尤其需要得到尊重。

在家庭中建立亲情乐园，要从尊重男孩开始，让男孩有一种被保护的感觉。被幸福感包围的男孩，才会长成一个心理健康、懂得尊重的好男孩！

正确理解青春期男孩的个性

家长的烦恼

谭先生的儿子小天今年14岁。最近，谭先生出了一趟远差，当他回来后，发现儿子变得自己都认不出了：顶着一头黄头发，黄头发中间又夹染了几撮红头发，还穿了一条满是破洞的肥牛仔裤，耳朵上有好几个耳洞。谭先生无法接受儿子的装扮，就来到学校，希望老师能对孩子做出一些疏导，但令他惊奇的是，儿子班上大部分男生都是这个打扮。

事后，班主任对谭先生说："青春期的孩子就是这么叛逆，他们知道我们无法接受，但每次看到我们这些长辈和周围的人所表现出来的异样目光，他们就扬扬得意，因为他们觉得自己受到了关注。"

 心理分析

作为父母，你是不是发现你的儿子最近变了？到了青春期后，他不爱穿以前的衣服了，因为那些衣服其他小伙伴也有，他们不想听父母的话，他们不再喜欢自己的发型……这倒是其次，你甚至会发现孩子喜欢上一些新奇的装扮，让你无法接受。你的儿子为什么会变成这样？其实，这只是男孩叛逆的一个方面，随着自我意识和好奇心的增强，他们希望自己活得有个性，希望成为周围人关注的对象。于是，很多青春期男孩会不遗余力地让自己变得很另类。除此之外，为了使自己像个大人，容易交到朋友，显得轻松、潇洒、大方，许多男孩用零用钱吸烟、喝酒，有的男孩在青春期过分追求穿着打扮……家长每天都在管男孩，可男孩依然我行我素。有时家长管严了，男孩竟以离家出走相要挟。这些青春期叛逆的男孩让家长头痛不已。

通常，父母会忧心，不知道儿子心里在想什么，担心他们行为出现偏差或有更出格的状况出现，也担心孩子崇尚名牌乱花钱，更担心他们的安全。的确，青少年的叛逆心理如果得不到及时合理的调适，进而发展成不可调和的矛盾或者难以愈合的伤口，那么就很可能导致孩子做带有明显孩子气的傻事和蠢事，最终酿成悲剧。

专家建议

教育心理学家指出，对于青春期的男孩，我们要这样疏导他们我行我素的行为。

1.对于孩子与众不同的行为不要大惊小怪，更不要直接批评孩子的审美

如果我们直接对儿子说："瞧你什么德行，跟小混混有什么区别？"那么，他多半会立即反驳"你不懂，你不理解我的感受"，从而排斥父母。父母要阅读一些流行信息，或利用机会教育，与孩子讨论流行与穿着，用沟通的方式引导男孩思考，培养男孩的审美。

2.真正关心男孩，不要只在意他的学习成绩

生活中，有些父母工作太过繁忙，他们只关心男孩每次的考试成绩，至于孩子是否换了一个新发型、一件新衣服，他们都没有察觉。于是，这些孩子采取一些新奇的打扮、怪诞的行为来引起父母的关注。

对于这种情况，父母一定要对他说："对不起，爸爸妈妈一直以来都忽视了你的感受！"真心向男孩道歉后，父母就必须用行动证明自己有在关心儿子，不仅要关心他的学习，还要关心他在生活中的细小变化等。你可以告诉他："不错，今天这发型回头率绝对高！"得到父母的认可，他们对自身的形象会信心大增。

3.引导男孩认识心灵美才是真正的美，才会赢得他人的真正尊重与佩服

学习成绩和良好的道德品行会得到周围人的认同，但对青春期的男孩来说，他们并不一定有这一层次的认知。因此，作为父母，不妨以事例引导或者和孩子一起观看具有启发意义的电影、电视剧等。另外，我们还可以和孩子一起欣赏周边的人等。在这个过程中，给孩子传递我们虽然注重外表，但是内心美才是最重要的，让男孩的思想在潜移默化中得到改变。

■ 青春期是男孩的心理断乳期

家长的烦恼

王女士的儿子已经12岁了，刚上中学，一直听话乖巧，她也一直很省心。但近来在教育问题上，王女士遇到了一些困惑和无奈，她只好找到儿子的班主任："我儿子从小就是个听话的孩子，学习也很自觉，学习成绩也不错，所以很顺利地考上了这所市重点中学。我不明白的是，孩子怎么一上中学就变了很多，以前我给他零用钱他都舍不得花，现在倒好，每月零用钱总是不够花。后来，我才发现，他喜欢买那些时尚的东西，还打扮得很个性，为此我常教育他，可他常常与我顶嘴，总是强调'时代不同了'，说我是老生常谈。我甚至告诉他，有本事就自己挣钱，结果他顶嘴后几天不理我，有时候还去同学家一住就是几天，我应该怎么办？"

 心理分析 ◆

生活中，王女士这种情况并不是个案，很多家长都遇到过，尤其是当男孩到了十几岁，便不再听父母的话，他们好像突然一下子有了很多自己的想法，喜欢按照自己的想法行事。于是，很多家长不解：我那个乖巧的儿子怎么了？我该怎么办？

其实，这些情况对处于心理断乳期的青春期男孩来说，都是很正常的现象。

心理医生认为，12~16岁是孩子的"心理断乳期"。那么，什么是"心理断乳期"呢？

人的一生有两个重要时期，一个是生理断乳期，发生在1岁左右；另一个就是"心理断乳期"，发生在12~16岁。

我们都知道，孩子在婴儿期断乳都是痛苦的。面对饥饿，他们疯狂地哭叫，张开嗷嗷待哺的小嘴执拗地寻找母亲的乳头，而"狠心"的母亲却一勺勺给孩子喂进他陌生的食物，孩子一次次地吐出，最后终于进食了。这就是人类适应环境的一次重大转折——生理的断乳期。

接下来，他们从12岁开始，逐渐脱离对父母的依赖，直到16岁完成。这个过程，就是少年逐渐摆脱父母、走向成人的过程。这一过程，被心理学家称为"心理断乳期"。此时，男孩渴望获得独立、渴望父母重新审视自己，把自己当作成人看待，但同时，他们自身又有很大的依从性，无论是精神上还是经济上，他们都不能摆脱对父母的依赖，尤其是当他们遇到一些青春期的生理和心理问题的时候，更需要获得父母的帮助。

可见，青春期的男孩渴望塑造自我，渴望独立，渴望周围的人以及父母把自己当作成人看待。而作为父母，我们只是想要回原先习惯的那份透明的亲密无间的关系，希望能洞彻儿子的内心世界，生怕儿子一个人外出遭受危险，我们更受不了在儿子与我们之间横亘着一个我们无法洞察、无法把握的地带。

专家建议

那么，我们该怎样才能找回那份亲密的亲子关系呢？为此，教育心理学家建议我们这样和男孩沟通。

1. 多理解，少责备

在这个时期，不同的男孩依据转变程度的不同会出现不同的状态，他们非常渴望家长的理解。而生活中，一些家长只要认为男孩做错了事，就不分场合、方式地批评男孩，可以说这是家长的通病。而实际上，这个阶段的男孩是叛逆的，也是脆弱的，有时候，你不经意的一句话就可能伤害到他们的自尊心，渐渐引起男孩内心的埋怨、愤恨甚至仇恨。

所以，批评男孩前先要弄清缘由，不要乱批评；需要批评时，要注意语气、场合和方式；批评时要循循善诱，使他心甘情愿地接受。而对男孩的困难和挫折，要真心帮助解决。

2. 尊重其自尊心

一方面我们要尽量支持男孩，尤其是在他们遭遇困难、失败的时候，帮助他们分析事件和心理，理出一条可行的、能够被孩子接受而不违背事物寻常规则的解决方案。

另一方面，家长不应迁就男孩不合理的、伤害自己及他人的行为，尤其在过激行为上要加以制止，以防男孩以后总是用伤害自己的方式来要挟父母以达到自己的目的。但切记要通过男孩能接受的、说服式的方式，避免硬碰硬，伤害到一些内心比较脆弱的男孩的自尊心，而导致他们封闭自己的心门，不再和父母亲沟通交流。

3.给男孩表达的机会

作为家长，要在家庭中发扬民主，平时要多注意和男孩沟通，让男孩发表自己的观点，这可以使男孩感觉到无论做什么，只有"有理"才能站稳脚跟，这对男孩个性的发展极为有利。

总之，遇到王女士的这种情况，我们一不要害怕，二要教育引导，三要注意方式。这样就能与儿子建立一种亲密的、平等的朋友关系，帮助其顺利度过这个"心理断乳期"。

■ 渴望独立的青春期男孩

家长的烦恼

王先生的家在郊区，离孩子学校有点远，所以平时都是他开车接送儿子。这天下班后，王先生还是和平时一样，在学校门口等儿子出来，但是放学时间都过了半个小时了还是没看到儿子。

王先生觉得事情不妙，于是他赶紧给儿子打电话，但儿子却关机了。他意识到儿子肯定是出事了，赶紧通知妻子和孩子的老师，希望大家帮忙找找。最后，王先生发现儿子一个人坐在学校篮球场的角落里。

王先生和妻子纳闷了，为什么儿子不回家呢？后来，在沟通中王先生才明白是自己的家教太严了，总是不许儿子这样，不许儿子那样。十几岁以前，儿子确实是个听话的男孩，但随着青春期的到来，儿子觉得这样的管教很窒息，他甚至觉得家就像个牢笼一样，所以他害怕回家。

王先生苦恼：青春期的孩子到底该怎么教育？

心理分析

王先生的儿子为什么不想回家？因为家对于他来说是束缚。生活中，我们每个人都需要自由，其实，我们的孩子也是一样。如果父母束缚住男孩的手脚，不许他做这个，不许他做那个，对他大包大揽，那么男孩会感到窒息，他的一些优良的个性心理品质也会被压抑。而随着孩子慢慢长大，当他们进入青春期，他们的自主意识也越来越明显，对于无法呼吸的成长环境，他们一定会反抗，那么亲子关系势必变得紧张起来。

每个青春期的男孩最渴望的就是得到父母的理解，我们发现，很多青春期男孩会举着"理解万岁"的大旗高呼"父母不理解我""渴望自由"。每个男孩都希望生活在一个民主、和睦的家庭中，这样的家庭才会给自己一个温暖的港湾，当家庭不和睦时，孩子就会有被抛弃感和愤怒感，并有可能变得抑郁、敌对、富有破坏性……还常常导致他们对学校作业和社会生活不感兴趣"。

任何一个男孩都希望得到父母的认可和尊重，希望父母承认自己已经长大了，能够处理一些自己的事情，需要更多的空间。而更多时候，家长往往把他们当成未成年人，所以对他们仍抱有一定的不信任态度。有些男孩一旦发现父母不信任自己，便会觉得自己被他们轻视、小看了。这往往会打击他们的积极性，使他们对长辈产生敌视心态。

作为父母我们要记住的是，孩子是独立的个体，而不是我们的私有财产。那么，怎样才能给孩子提供一个足够自由的空间呢？

专家建议

1.不要剥夺男孩独处的机会

青春期的男孩已经是半个成年人了,他们完全可以照顾自己,可以独立处理一些问题,对此我们千万不可强制,否则很容易引起男孩的反感。不过在独自外出之前,我们一定要与男孩订立安全协议,如不可在晚上10点之后回家、遇到问题要及时给爸妈打电话等。

2.相处时,把主动权交给孩子

一般来说,青春期的男孩不想与父母在一起,是因为他们不希望周围的人把自己看成孩子,看成父母的附属品。为此,我们应解除男孩的这种心理负担,如让他自己决定今天去哪里、做什么等。这样,他会感受到父母重视自己的意见,他们渴望独立的心理被理解了,他们也就乐意和父母一起享受天伦之乐了。

3.不要过度保护男孩

男孩的成长过程虽然是充满恐惧的、颤颤巍巍的,但也是充满乐趣的。他们会摔跤,但作为父母我们不能扶着他走,因此如果你的儿子想尝试,那么你就应该鼓励孩子,让孩子有尝试的勇气,而不是这样说:"算了,多危险,不要做了。""小心点,你会伤害自己的!""你不能做这个,太危险了!"这样,男孩即使想尝试,也会被你的提醒吓退。

4.在条件允许的情况下,让他自由支配时间

虽然孩子还小,但我们也应该尊重他,让他有一些自己独立支配的时间,如晚上的空余时间,男孩想睡觉还是看书等,我们都不要干涉。

总之,任何一个男孩的成长都需要自由的空间。自由就好像空气一样,如果男孩成长的过程中没有自由,他们是无法健康、快乐地成长的。因此,要想使青春期的男孩成长得更快,我们就需要给他提供足够的自由空间。

■ 青春期男孩情绪的晴雨表

家长的烦恼

杨先生自己经营一家传媒公司，公司上上下下几十个人，工作很累，免不了回到家还带着工作上的情绪。

这天他刚回到家，发现儿子小磊也刚回来。

"爸妈，我饿了，怎么还不做饭？"看见爸妈没做饭，小磊不高兴了，走进自己的卧室一把把门摔上，看书去了。

"这孩子怎么了，现在怎么脾气这么坏了？小时候可不是这样，越长大越不好管了啊？我去跟他评评理，这是什么态度？"杨先生很是生气，正想冲进儿子的卧室教育一下儿子，被妻子一把拉住。

"孩子这个年纪，情绪不稳定是正常的，我们大人也不例外，你刚刚回家时不也是这样吗？我们要理解……"杨先生觉得是这么个理儿，火也就消了。

心理分析

男孩到了青春期,情绪会变化得很快,青春发育期作为人的一生中迅猛发育的时期,形态、生理、心理都在急剧变化,同时,他们要求独立的意识也随之加强。于是,男孩会像一匹脱缰的野马,那些情绪也随之四处乱撞,可能刚刚那个活泼开朗的孩子一下子就变得闷闷不乐、喜怒无常、神神秘秘了。

儿子长大了,很多父母知道为孩子增加丰富的食物营养,却不太注意这个时期的儿子内心世界的变化和需要,对于男孩多变的情绪也无从理解,这导致儿子最终与自己的距离越来越远,也会很容易产生父母子女关系的对抗。很多男孩发出感叹:"为什么爸妈不理解我?"

因此,当孩子进入青春期以后,父母就要体贴和帮助儿子,对儿子身心发展的状况予以留意,对他们某些特有的行为举止要予以理解并认真对待。认识到青春期的特点、理解儿子,才能和儿子做朋友,帮助儿子度过这个"多事之秋"!

那么,作为父母,当你们对男孩的情绪予以理解后,又该怎样帮助男孩顺利梳理好情绪呢?

 专家建议

1.做好表率,克制自己的脾气

家庭气氛的融洽与否,直接关系到青春期男孩的情绪自我控制能力。如果在一个家庭中,父母动不动就大发雷霆,或者父母脾气暴躁,那么是培养不出一个自我情绪控制良好的男孩的,因为父母解决问题的方法、对他人的态度会潜移默化地影响孩子，如果男孩从他们身上接收的是消极的处事策略，久而久之，好发脾气、我行我素等不健康的个性就会在男孩身上显现。所以，在家庭教育中，父母要想成为儿子的朋友并用自己的言行积极地影响他，就必须首先改变自己，发脾气之前想想身边的孩子，控制住自己，换一种方式解决问题，也为自己找个情绪的出口。当你的脾气难以克制，已经发出之后，对身边的男孩说声："对不起，爸爸错了！"

2.告诉男孩"降温处理法"

作为父母，当你的儿子产生情绪后，你不妨先不理他，这既可以让你自己先冷静下来，也给了他一个考虑的时间，避免在气头上把本想制止他不听话的行为变成"我就不信管不了你"的较量和在他身上发泄怒气，也不给他因"火上浇油"造成继续发作的机会。

其实，这是一种心理惩罚，他会发现自己的这种情绪完全是没有道理的。当男孩的情绪"温度"被降下来以后，再告诉他你这样做的目的是不让他冲动，然后让他也学会这种情绪调节的方法，以此帮助他提高自我制约能力。

3.在日常生活中多与男孩沟通，培养他理智的个性品质

每个男孩与生俱来都有着不同的个性特点，但不管哪一种个性的形成都是一个渐变的过程。有些男孩把什么都挂在脸上，做事冲动、情绪易怒等，如果父母对于男孩的这种个性品质听之任之，那么，男孩就会把父母的容忍当成武器。而如果父母在生活中能够对孩子晓之以理，让他从各个方面了解情绪化的危害，那么，男孩也就能慢慢学会控制自己的情绪，逐渐变得理智、成熟起来了。

以上是几个简单的能帮助青春期男孩调节情绪的方法，总的来说，父母和男孩做朋友，用理解、劝导的方式来指导他们，他们一定可以快些度过这一情绪多变期！

2

找到沟通方法，了解青春期男孩的成长特点

　　每个男孩进入青春期后，随着身体的发育，他们在心理上也发生着剧烈变化，他们有着敏感的神经，这种敏感针对他们周围的每一个角落，他们可能动不动就发脾气、自尊心强、爱攀比、总是和父母顶嘴等。此时，我们父母绝不能用言语暴力去激化矛盾，而应该在孩子的这一极端时期扮演"消防员"，放下架子，主动和孩子沟通，了解他们的心理状况，如果发现问题，最好以建议的方式引导他们，通过关爱他们给予孩子稳定感，帮助孩子疏导青春期的种种情绪！

■ 面对受挫折的孩子，适当安抚其情绪

家长的烦恼

小林已经3天没回家了，这让林先生一家急得像热锅上的蚂蚁。小林一直是个很乖巧听话的孩子，他还是学校初三年级的学生会主席，这次怎么说不见就不见了呢？

给学校打了几次电话之后，林先生才了解到，原来前几天儿子代表学校参加了全市初中生英语演讲大赛，但因为紧张他表现不大好，没拿到奖项，被一些同学嘲笑了几句。原本儿子打算把这次的奖状当作自己15岁的生日礼物，但没想到却是这样的结果。林先生明白，小林一直都很要强，这次的失利对他来说是个很大的打击，更别说被同学嘲笑了，怪不得儿子会"玩失踪"。后来，林先生想到一个地方——小林外婆去世前留在农村的老房子。果然，小林就在那里，见到爸爸妈妈，小林哭了，哭得很伤心。

心理分析

曾有人说，越是要强的人，越是经受不住失败。可见，这句话是有道理的。青春期的男孩也是一样，这个时间段的他们已经有了竞争意识，已经明白成功会引来人们敬佩和夸赞的眼光，就更在意别人的评价。于是，这些孩子之间会形成一个你追我赶的竞争态势。对于这一点，家长要给予肯定和支持，但男孩若是太要强，就很容易使这种竞争心走向扭曲。例如，他们一旦失败，就会质疑自己的能力，失去自信，回避类似的竞争，甚至一蹶不振，或者眼红别人的成功、在背后诋毁别人等，这都会耽误他们正常的学习和生活。为此，我们父母在日常和孩子的沟通与交流中，需要注意以下几点。

 专家建议

1.多给孩子面子

俗话说"人要脸，树要皮"，青春期的男孩和成年人一样，他们也要"面子"，也需要得到众人的尊重。当他做得不好时，你马上指出来的话，有没有考虑场合，考虑他的自尊心呢？

如果你当着别人的面说："看人家多自觉，你能不能长进点？"你会发现，男孩以后的问题会越来越多，而且越来越不听话，因为你不给男孩留面子。如果你当着老师、亲戚的面数落他，那情况就更糟，他要么变成可怜的懦夫，要么变成一个偏激者。因此，父母切记：不要在别人面前说太多男孩的坏话。否则，你的"抱怨"会毁了孩子的社会形象，也毁了自己在儿子心中的形象。

2.不要总是负面地评价男孩

一般来说，如果男孩学习成绩不好或者在竞争中不断受挫，会出现负面情绪，此时，我们对男孩应有一定的引导策略。男孩输了的时候，不要做出"是因为你笨"之类的评价，避免男孩将失败归因于自己能力差等内部因素，引导男孩学会在竞争中分析自己的能力、任务的难度、客观环境等，客观地进行归因。

3.帮男孩找到他的长处，提升其竞争力

我们要鼓励男孩，告诉他不必过分在意别人的评价，要相信自己。每个人都不是全才，有长处也有短处。帮助男孩找到自己的优点，帮助男孩建立起坚定的自信，这是我们家长首先要做的。家长要引导男孩挖掘自己的优点，不断强化，使男孩走出自卑的困扰进而变得自信起来。帮助男孩发现自身优点和长处是克服害怕竞争的良方。

另外，我们要告诉男孩，即使处于劣势时，也要保持积极进取的态度，而不要采取贬低或破坏的方式来获得自己的优势，也不要心生嫉妒或采取不正当的手段，更不要就此一蹶不振。

总之，我们应该教会男孩看重和享受竞争的过程，因为人生是一个过程，而不是结果。人的进步在于不断地超越自己，而不是和别人比高低。

■ 面对喜欢攀比的孩子，教他克制虚荣心

家长的烦恼

强强已经12岁了，从小就很喜欢武术，所以父母就让他发展武术特长。但是，他也是个十分"奢侈"的孩子，穿的用的都是名牌产品，总而言之，他从头到脚都是名牌。有时父母给他买来的不是名牌服装，不管多好看他都一概不穿，还为此哭闹了很多次。

父母对他这点也十分头疼，不明白为什么孩子这么小就如此热衷于名牌，而强强的理由是："让我穿这些，我怎么出去见人啊？我的同学都穿名牌，我要是没有，人家会笑话我的。我不穿，要不我就不去上学。"

不仅如此，强强还"逼"着爸爸给他买笔记本和高档手机，原因也是"同学都有"。

 心理分析

其实，像强强这种现象，在青春期的男孩中早已不是特例，尤其是那些

家庭条件优渥的孩子，他们从小就穿名牌衣服、吃优质食品、玩高档玩具，于是，进入青春期后便学会了攀比。

实际上，很多时候男孩的虚荣心和父母的教育有很大的关系。现在许多父母溺爱自己的儿子，认为只有一个孩子，又有经济承受能力，所以舍得给儿子买高档玩具、流行服装。有些父母不注意男孩的修养和教育，喜欢在吃穿打扮、玩具图书等方面与他人攀比，甚至给男孩大把零用钱以显示自己的富有和与众不同。他们总喜欢讲自己儿子的优点，甚至在亲朋之间也炫耀自己的儿子，亲朋为了礼貌也都只讲孩子的优点，男孩在生活中听到的都是一片赞扬声，很少听到自己的缺点。家长对男孩一味"吹高""捧高"，男孩在一片赞扬声中长大，没有经历什么挫折，就慢慢形成了男孩的虚荣心。

我们不能否定的是，攀比是很正常的心态，每个人或多或少都有攀比心，包括成年人。有时候这种心态的存在可以促使人去努力、去奋斗，从一定意义上说，攀比心是促进人前进的动力，良性的攀比能使人奋发。但青春期男孩如果不克服自己的虚荣心，很容易误入歧途。

那么，作为父母，我们该怎样帮助青春期男孩克服虚荣心呢？

专家建议

1.从小培养男孩节俭的生活习惯

想要从小给孩子培养好的节约习惯，从家长来讲，首先要以身作则。孩子的学习能力是非常强的，只要家长做到了，对孩子来说还是很容易能够做到的。父母要在日常生活的点滴中引导孩子做到节俭。如随手关灯不浪费一度电，随手关紧水龙头不浪费一滴水等。

2.以身作则，注意自身是否有炫富心理

青春期的男孩虽然已经有独立的意识，但很多行为观念还是受父母影响的，尤其在审美情趣上，如果父母也盲目追求名牌或者奇装异服等，男孩自然上行下效。但如果父母告诉男孩："这件衣服虽然不贵，但穿在你身上还是很好看的！"这样，男孩就会认为，衣服不一定贵才好看。

3.帮助男孩充实内在，淡化虚荣心

有些父母认为，男孩在青春期的主要任务就是学习，当然，这是正确的。但青春期也是男孩人生观、价值观的形成期，作为父母，不要只关注男孩的学习成绩。只有充实男孩的内心世界，他才不会盲目与人攀比，如你可以为男孩购买一些能充实孩子内心的书籍。

总之，虚荣心人人都有，但作为青春期的男孩，如果不经父母的帮助和引导，很容易因虚荣心而误入歧途。因此，家长要引导男孩，要帮助男孩充实自己的内心。这样，你的孩子一定会健康成长！

2 找到沟通方法，了解青春期男孩的成长特点

■ 面对爱顶嘴的孩子，巧用缓冲效应

家长的烦恼

这天，在一个心理诊所，一位母亲表示很苦恼，希望得到医生的帮助。这位母亲说，他的儿子过了这个暑假就念初三了。可不知怎么回事，从这个暑假开始，儿子好像变了一个人，平时要么一个人闷在房间里上网、玩游戏，要么就是对家长不理不睬。更奇怪的是，前两天她和爱人想跟儿子好好沟通一下，谁知没说几句话，儿子就顶撞说："我就是不知好歹，不可理喻。"还把"请勿打扰"几个字贴在自己房间的门上，气得我们无话可说。

 心理分析 ◆

实际上，生活中还有一些青春期男孩比案例中的这个男孩更为叛逆，他们基本上不和父母沟通，父母说一句，他们就顶十句，而且无论怎么样，他们总觉得自己是对的。而父母作为过来人，自然更有"发言权"，于是，很多父母便为了更正孩子的观点而极力发表自己的观点，如果双方始终坚持自己的立

场，那么极容易产生一种对立关系。其实，作为父母如果能感受男孩的想法，你会发现其实孩子的想法也有一定的道理。

很多家长一看到孩子出现与以往不同的举动，就认为这是青春期的逆反行为，担心自己的让步就意味着孩子的越轨。然而，对孩子的每个小细节都横加指责会使较小的争吵升级为全面战争，因为，孩子最厌恶的就是父母对自己管得太多、干涉太多。

为此，在男孩有叛逆苗头的时候，家长首先要反思，也许正是自己在挑起这种情绪，或者男孩对自己的什么地方有意见，然后有针对性地找办法解决。

1.把命令改为商量

在很多问题上，父母不要太过武断，也不要替男孩做决策，而应该先询问男孩的意见，"你是怎么认为的呢？你打算如何处理呢？你打算什么时候开始做呢？"这表示了我们对男孩的尊重，在了解他的想法后，如果有些部分不正确，那么，我们再以研究和探讨的语气与之商量："我能理解你的想法，但我们还要考虑这件事的可行性，不是吗……你认为妈妈的意见对吗？"

青春期的男孩都是聪明的，有判断力的。如果你的话有道理，他也是会采纳你的建议的。同时，交流会越来越多，亲子关系也会更好。

以商量的方式去解决问题，即使商量失败，但感情氛围会增强，有利于以后问题的解决。家长经常的错误是，问题没解决，还破坏了和谐气氛，阻碍了感情沟通，失去今后问题解决的机会。

2.不妨让男孩吃点"苦头"

这个阶段正是男孩形成主见的关键时期，小错肯定是难免的，所以，家长应该允许他犯一点错、吃点亏，不要过分束缚男孩的手脚。

例如，如果你的儿子"要风度不要温度"，寒冬腊月坚决不穿毛衣，商谈没成功，不用着急，让他挨一次冻没关系，真感冒了，他会明白你的意图，至少以后会考虑你的意见。

总之，对于青春期叛逆的男孩，支持要比压制好，商量要比命令好。另外，只要孩子的想法合理，就要给予全力的支持！

面对爱比较的孩子，引导其正确比较

家长的烦恼

张太太的儿子雷雷，上了初中以后变了好多，不喜欢说话了，周末的时候也不愿意与以前的朋友一起玩了，一有时间就把自己锁在房间里。

"雷雷很奇怪，他这是怎么了？"张太太问自己的丈夫。

"我也不知道，最近他好像突然自卑起来了，有一天他还对我说：'我和以前不一样了，小学的时候，我是尖子生，可是上了初中，班上优秀的人太多了，我成绩不如以前了，人缘也不好，我简直一无是处了！'"雷雷爸爸说完这些，长叹了一口气。

接着他说："开学第一周的情景我还历历在目。一下子，作业比小学时多了很多，而且做完还要对答案，判正误，并做改正。每一项都要家长签字。如此下来，晚上10点都完成不了，雷雷很不习惯。看着他睡眼蒙眬的样子，真是痛苦。雷雷甚至说：'爸爸，我是不是变笨了？要是永远上小学多好，中学太难了，作业太多了，我不喜欢上学！'"

"是啊，孩子上初中了，学习环境变了，学习难度加大了，这种心态的出现是正常的，但我们作为家长，一定要帮助孩子及时调整好，不能耽误了孩子后面的学习呀！"

心理分析

雷雷的这种自卑心理，在很多青春期男孩身上都出现过。十几岁的他们进入中学阶段，学习和生活环境的改变让男孩不自觉地与周围的同学进行攀比，而比较之下，他们就容易自惭形秽，变得对学习失去兴趣、不愿意与人交往等，成绩也随之下降，家长也经常抱怨："我的孩子很自信、成绩很好，表现也很优秀，为什么现在全变样啦？"其实很简单，你的孩子需要鼓励，需要找到自己身上的优点。因此，作为父母，对于孩子的这种低落情绪，一定不要听之任之，也不能采取棍棒教育，而是要做到"言传"，帮助孩子顺利度过这个心理过渡期。

那么，家长应该怎样让男孩看到自己身上的优点，从而精神饱满地投入青春期的学习和生活中呢？

专家建议

1.让男孩学会自己和自己比，促进孩子进步

人们通常都会将自己和他人比，这样便会产生自卑等情绪。事实上，我们可以告诉男孩，让他和自己比，如让孩子今天和昨天比，这个月和上个月比，本学期和上学期比。在比较中，男孩会看到自己的进步：原来不会做的题型现

在会做了，原来不会骑自行车现在也会骑了……这些比较可以让男孩获得自信，并在欣赏自己的过程中努力超越他人。

2.鼓励男孩，相信他能行

无论男孩做什么事，父母都要给予鼓励，而不是一味地给男孩施加压力。要告诉他："爸妈相信你，你一定能做到！"

3.肯定男孩的能力

例如，男孩的学习课程一下子增加了很多，晚上做作业到很晚，有点沉不住气了，开始有点泄气，你不能严加指责男孩，而应该说："没什么难的，老师留的作业多，是把你们当中学生要求了。其实这很正常，只是新环境要适应，过几天就好了。妈妈同事家的孩子，比你完成作业的时间还晚呢！你可比他快多了！"男孩听到家长的肯定，便会精神倍增，家长的肯定是男孩最大的学习动力。在家庭教育中，父母最好不要在男孩面前发表负面意见，应多以正面引导。

另外，我们要多寻找男孩身上的其他优点，转移孩子的注意力。尽管学习是学生的天职，但分数并不是最重要的。当男孩成绩不理想时，不要横加指责，如果男孩没有自信，更不要过于注重他的分数，而要试着在他身上找到他的优点：如他的动手能力强、孝顺父母、团结同学、热爱劳动等，并举出事例。这样，男孩即使成绩不好，也会有值得自豪的优点，也就不会丧失信心了。

面对喜欢生气的孩子，教他做好情绪管理

家长的烦恼

这天，忙得焦头烂额的林太太居然接到学校老师的电话被叫到学校，原来是儿子在学校闯祸了。令她不解的是，儿子一直很乖，连和人大声说句话都不敢，怎么会闯祸呢？

林太太匆匆忙忙赶到学校，才问清楚情况：原来是班上有些男生挑事，说林太太的儿子小强是"胆小鬼"。老师告诉林太太，班上传言，小强喜欢某个女生，但一直不敢说，这些男生知道后，就拿这件事嘲笑小强。而小强则因为这件事很生气，于是大打出手，体型高大的他把那几个男生都打得鼻青脸肿。

"我的孩子怎么了？"林太太很是不解。

心理分析

一向乖巧的小强怎么会突然这么容易被激怒而对同学大打出手？日常生活中，如果我们被人叫作"胆小鬼"，兴许我们会生气，但绝不会太过情绪激动

而做出一些伤人害己的事。

可能很多父母发现，当我们的儿子进入青春期后，脾气就异常火暴，稍微遇到一些不顺心的事就会发脾气，有些父母在不了解男孩情绪特点的情况下，甚至教训男孩，让青春期男孩的叛逆情绪更突出，亲子关系更紧张。

实际上，青春期是一个负重期，作为青春期的男孩，他们至少面临三方面的压力和挑战：

第一，身体正在快速发育，他们积蓄了大量能量，容易过度兴奋。

第二，学习上的任务很重，面对激烈的竞争，心理压力普遍比较大。

第三，更重要的是，随着年龄的增长，他们渴望对外界社会有更多的了解，人际交往也逐渐增多，各种各样的信息纷至沓来，这就导致他们需要处理的问题越来越多，越来越复杂。

每个青春期男孩的血管里都流淌着亢奋的血液，青春期的他们把什么都挂在脸上，不像成年人那样善于控制或掩饰自己，常常喜怒皆形于色。他们在与他人交往的过程中，一旦产生矛盾，情绪很容易爆发，这也是为什么很多青春期男孩总爱发脾气的原因。

因此，作为父母，我们只有了解青春期孩子情绪的特点，才能和他们做好沟通工作，帮助他们控制并合理宣泄不良情绪。

专家建议

要帮助男孩控制自己不要乱发脾气，我们父母可以从以下两个方面努力。

1. 告诉男孩发火前长吁三口气

你要告诉男孩"发火前长吁三口气"，事实上，很多事情都没有自己想象得那么严重。如果不学着控制自己的情绪，任着性子大发脾气，不仅解决不了问题，还会伤了和气。

2.告诫男孩学会正确地宣泄自己的情绪

青春期的孩子是脆弱的、敏感的、容易受伤的，即使是男孩也会悲伤沮丧，此时，你可以告诉他，不妨哭出声来。在很多青春期的男孩看来，一个坚强的人就应该始终不能哭，哭对青春期男孩来说是懦弱的，然而，在过度痛苦和悲伤时，哭也不失为一种排解不良情绪的有效方法。哭不仅可以释放身体内的毒素，还能释放能量、调节机体平衡。在亲人和挚友面前痛哭，是一种真实感情的爆发，大哭一场，痛苦和悲伤的情绪就能减少很多，心情就会痛快很多，哭并非懦弱的表现。所以你可以告诉男孩，该哭就哭，该笑就笑，但要把握好一个度，否则就会走向极端。

总之，我们父母要明白，青春期是男孩心理波动较大的时期，在这个期间，男孩的心理承受能力可能比较差。我们要认识男孩的情绪，并帮助他们控制自己的情绪。只有这样，才能让男孩始终保持稳定的情绪！

3

注重沟通技巧，尊重青春期男孩的成长规律

男孩进入青春期后会变得叛逆起来，他们开始意识到自己不再是孩子了，开始有意地反抗父母，不但不希望父母干涉自己，还喜欢与成年人尤其是自己的父母较劲。作为父母，我们一定要理解青春期男孩的叛逆心理，千万不要与青春期的男孩较劲，而应加以引导。只要我们方法得当，恰当处理，就可以兴利抑弊，使其从消极转化为积极，帮助男孩度过暴风雨般的青春期。

■ 父母盲目比较会伤害孩子

家长的烦恼

这天,在某小区门口,14岁的强强和小飞打起了架,路人叫来了他们的父母。问到原因,强强说:"我妈总是说王飞好,每次考试完,她都说你怎么不学学人家王飞,人家能拿第一,你怎么就不行?要是我做错了什么,她就说,你怎么这么没出息,你看人家王飞多听话……如果王飞那么好,为什么她不去认王飞做自己的儿子?"

旁边的强强妈很吃惊,原来自己平时无意中说的几句话对孩子的伤害这么大,于是她对强强说:"妈妈错了,妈妈之所以那么说,是希望你能向王飞学习,做个听话、爱学习的孩子,妈妈没想到这些话那么伤害你,希望你能原谅妈妈。"听到妈妈这么说,强强流着泪抱住了妈妈。

心理分析

生活中的很多父母可能都有这样一个习惯,喜欢拿自己的儿子与他人比较，总觉得自己的儿子没有人家的优秀，不知不觉地会用其他孩子的优点来比较自己孩子的缺点，嫌自己的孩子不够优秀。于是，他们常常会这样对自己的儿子说"你看你，怎么这么笨，这点小事都做不好，你看你的同学××多懂事""怎么又考这么差，你看××，回回都是第一名"等。这些可能是父母无心的话，但说得多了难免会留在男孩的心里，对他们造成伤害，尤其是对于青春期的男孩，他们更加敏感。久而久之，他们就会像父母认为的那样，也认为自己笨、毫无优点，变得没有自信心。无形中，男孩的心灵被扭曲了，这样的后果是惨重的。

其实，任何做父母的都爱自己的孩子，拿自己的孩子和别人家的孩子对比，也是出于善意，希望他们能向优秀的孩子学习，超越别人，为父母争光争气。但是，有时候善心也会做坏事，爱孩子，就不要拿自己的孩子与他人做比较。任何一个青春期的男孩，都会反感父母将自己和其他人进行比较。

专家建议

1.看到男孩的优点，并赞扬他

父母对男孩的期望态度一样会影响到他。如果你认为你的儿子是优秀的，那么，他就会按照你的期望去做，甚至会全力以赴让自己变得优秀起来；而反过来，如果你总是挑他的缺点、毛病，那么，他就会产生一种错觉：我不是好孩子，爸爸妈妈不喜欢我，我好不了了。因此，家长积极的期望和心理暗示对男孩很重要。

对于青春期的男孩来说，他们最亲近、最信任的人是他们的父母，因此，父母对他们的暗示的影响是巨大的，如果他们长时间接受到来自父母的肯定、鼓励、赞许，那么他就会变得自信、积极。相反，如果他们收到的是一些消极的暗示，那么他们就会变得消极悲观。

2.即使批评也要顾及男孩的面子

心理学家曾经做过一个关于"青春期孩子最怕什么"的调查，结果表明：孩子最怕的不是生活上苦、学习上累，而是人格受挫、面子丢光。的确，青春期是人格形成的重要时期，男孩已经开始产生自己的独立意识，但却尚未成形，他们开始在意别人的评价，而他们最在意的是父母的看法。

对于生性敏感的青春期男孩来说，他们都有自尊心，都要面子，作为家长，我们不仅不能拿男孩和其他人对比，还应该时刻注意保护好男孩的面子，不要在众人面前说他们的缺点，也不要在众人面前批评他们，因为男孩每一个行为都是有原因的。也许这些原因在成年人看来是微不足道的，但在男孩的眼里是很严重的，不了解原因当众批评他，非但不能解决问题反而会使问题变得更糟，使青春期男孩产生叛逆抵触情绪，导致对男孩的教育很难继续下去。

3.根据男孩的特点进行教育

任何父母都不要拿自己的孩子和其他孩子对比，而要根据自己孩子的特点进行教育。例如，男孩脑子迟钝一些，那就教育他笨鸟先飞，多卖些力，男孩有了进步就应该鼓励。只要男孩付出了努力，已经尽其所能，父母就不要提出过高的要求。

总之，聪明的父母要明白，任何人都渴望被赏识和赞扬，我们的儿子也是。为此，无论何时我们都不能拿自己的儿子和其他孩子进行对比，而要看到他们的优点，并给予他们鼓励，相信你的儿子会变得优秀。

■ 别让唠叨成为孩子的烦恼

家长的烦恼

刘先生的儿子小凯已经14岁了,正值青春期,时常与性格偏急躁、爱唠叨的妻子发生冲突。刘先生常常夹在妻子和儿子之间左右为难,不过他总是能找到解决的办法。

这天,儿子在房间做作业,妻子大声嚷嚷起来:"小凯,你昨天又去踢球了,衣服怎么不拿进卫生间,我都忘记洗了,臭了都。真是的,这孩子。"

小凯随口应了句:"哦。"

听到儿子这么随便的态度,妻子有点儿生气了,提高了声调:"你这什么态度,每次都这样,能不能有点儿责任心!"

妈妈的责备让小凯也生气起来:"不就是洗个衣服吗,至于吗?"

刘先生见情况不妙,赶紧对妻子说:"你天天这么累,都是我不好,你去休息下,我来洗。小凯,你先把作业做完,一会儿爸爸找你打轮游戏。"说着,刘先生就拿起儿子的脏衣服往卫生间走去,一场战争就避免了。

心理分析

案例中的场景，可能在很多家庭都出现过。如果你的儿子正值十几岁，你是否发现，最近这一两年的时间，儿子好像很厌倦妈妈的唠叨。案例中的刘先生，很明显是个善于经营家庭与调和家庭矛盾的人，在一场家庭战争即将爆发的瞬间，他发挥自己的聪明机智，及时扑灭了这场"火"。

那么，作为父母，当青春期遇上更年期的时候，我们该如何处理呢？

专家建议

1.爸爸做好"和事佬"

爸爸要告诉男孩："在家庭角色中，有一个很难扮演的角色，那就是妈妈，她从步入家庭开始，就成为一个妻子，然后成为一个妈妈。每个妈妈都会把自己的角色当成一生的事业来经营，其中要面对柴米油盐的琐碎，要照顾孩子的生活起居，要承担孩子成长的欢乐忧愁……为了家庭和孩子，她们操碎了心，但很多时候，却换来你的不理解。"

"你已经是一个男子汉了，生活中，对于你自己的事，一定要自己处理，要学会自理。另外，妈妈毕竟是一个女人，你要像一个真正的男子汉一样保护她。闲暇时间帮妈妈做一些家务吧，尤其是体力活，这会让她真正感受到儿子真的长大了，她一定会从心里感到安慰。"

爸爸告诉男孩这些，能让男孩感受到妈妈的艰辛，也就能从心底真的理解妈妈的唠叨。

2.妈妈向孩子说说心里话

大部分情况下，很多妈妈和青春期男孩对话都是单向性的，而这个阶段的男孩最厌烦的就是妈妈的唠叨。作为妈妈，如果你能在闲暇时间坐下来和儿子好好聊聊，让儿子理解你，一定有助于消除母子之间的矛盾。你要告诉儿子："要真正理解妈妈，就不要做问题男孩，不要让妈妈担心。你能想象，你和小伙伴在网吧彻夜不归的日子，我是多么担心；你和社会青年在一起的时候，我有多么害怕你会走错路；你和同学打架受伤的时候，我比你还疼……青春期固然会遇到一些成长上的问题，但妈妈可以是你倾诉的对象，可以是你的知心朋友，妈妈是过来人，会帮助你度过不安的青春期。无论如何，亲爱的儿子，你要理解妈妈，对于妈妈的唠叨也别再唱反调了。"

总之，面对这一问题，作为父母的我们，一定要寻找方法及时"灭火"，防止家庭矛盾的扩大化。

■ 与青春期男孩进行有效沟通

家长的烦恼

陈女士是一个单亲妈妈，独自带着孩子。一次，她在一篇日记中写到和儿子沟通的过程：

今天我又和儿子谈了很多，自从儿子青春期后，我深感和孩子沟通的困难，他似乎总是对我存在偏见。但经过这些天的沟通，他似乎理解我了，我也更深刻地明白了，和孩子沟通真的需要寻找最好的时机。以前，我和儿子聊天，儿子总是一副不耐烦的样子，我还感叹和他的沟通怎么这么难。这会儿才明白，原来是我选的时机不对。就像这一次，一开始，我是在客厅和他谈的，他正在看电视，就不太注意我的谈话，能搭几句就不错了。等到我们一起包饺子的时候，周围很安静，也没有别的事打扰，儿子就和我聊了很多，这是以前没有过的。

而儿子的有些事也是我从来不知道的，包括以前老师对他做的一些事。还有他告诉我，他要是考不上很好的大学，就出去干点什么，这是他从来没告诉我的，也是他对自己的将来做的打算。我就非常认真地告诉他，我会完全支持他做的决定，不过现代社会，只有知识才

> 是永恒的竞争力，书是要读的，他好像听懂了，连连点头。
>
> 和儿子聊了很多很多，我对儿子有了更深的了解。我也更有信心，儿子是非常优秀的，在许多事上虽然想得不全面，却有自己的见解。我知道，只要我坚持和孩子沟通，我和儿子之间的关系会越来越好，孩子的身心也会健康成长。

心理分析

现代家庭，代际沟通似乎越来越困难，很多父母感叹："现在的男孩真是很不像话，小学时候还好，尤其是进入青春期后，自己的主意一下子多了起来，好好地同他讲道理，他却不以为然，道理比你还多，有时还把父母的话看成没有意义的唠叨，总之一个字——烦！他嫌我们烦，我们因他的烦而烦，一天也说不上几句话了。"

问题在哪里？是男孩的问题，还是父母的问题，还是沟通方法的问题？也许男孩不是一点问题没有，但更多的问题可能出在父母身上。作为父母，你反思过没，你是否曾愿意与儿子倾心长谈一次呢？在儿子小的时候，你一般会用故事、音乐、聊天来哄儿子入睡，等他长大了，你是否还愿意抽出时间与他交流呢？如果在孩子入睡前我们能一起坐下来清理一天的"垃圾"，不让忧愁过夜，这是不是一种积极的生活态度呢？有位教育家说过："父母教育孩子的最基本的形式，就是与孩子谈话。我深信世界上好的教育，是在和父母的谈话中不知不觉地完成的。"如何进行有效的沟通，是我们需要学习与探讨的。

专家建议

1. 找对谈话的时机

选择好的时机进行谈话是非常重要的，否则谈话达不到预期的目的。

一般情况下，解决问题越快越好，如果事情拖延下去问题就会沉淀。另外，从时间上来说，如果你需要和男孩交流一个严肃的话题，不要选择男孩放学回家刚放下书包的那段时间，因为一天下来的疲劳使人难以集中注意力，也不好控制自己的情绪。生理规律告诉我们，下午5~7点是生理活动最低点，迫切需要补充营养，恢复体力。而晚饭过后，心情逐渐开朗，这是与男孩分享家庭幸福，进行沟通的比较好的时机。

从心理需求上来说，在男孩心理上最需要帮助和鼓励的时候和他谈话，沟通效果会好得多。另外，如果你需要和男孩静心交流，则应该选择一个平和安静、风景美丽的地方，因为这样的地方，可以让彼此心平气和、情绪稳定、心情舒畅，易于接受对方的意见。如利用周末或假期，带男孩到公园或风景游览区，一边游玩一边说说悄悄话，这样的沟通和交流一定会起到很好的效果。

2. 每次只谈一个话题

有些父母认为，和男孩说话机会难得，一定要多沟通。但青春期的男孩虽然已经有了自我意识，可他们依然未成年，在同一时间内未必能接受父母的很多观点。另外，与男孩谈得太多，也容易引起他们的反感。

总之，我们和男孩沟通，一定要选择恰当的谈话时机，这有助于给沟通创造一个良好的谈话氛围，心平气和地解决教育问题。同时，父母还应记住，与男孩沟通，一次只能谈一个话题！

■ 对孩子请摒弃棍棒式教育

家长的烦恼

似乎上了初中以后，代维变得越来越不听话了，经常在学校惹事，他的爸爸也经常被老师请去，这不，代维又在学校打架了。回家后，爸爸并没有训斥孩子，而是心平气和地把孩子叫到身边。

"我知道，老师肯定又把你请去了，我今天是少不了一顿打。"儿子先开了口。

"不，我不会打你，你都这么大了，再说，我为什么要打你呢？"爸爸反问道。

"我在学校打架，给你丢脸了呗。"

"我相信你不是无缘无故打架的，对方肯定也有做得不对的地方，是吗？"

"是的，我很生气。"

"那你能告诉爸爸为什么和人打起来吗？"

"他们都知道你和妈妈离婚了，就在背地里嘲笑我，今天，正好被我撞上了，我就让他们道歉，可是，他们反倒说得更厉害了，我一气之下就和他们打了起来。"儿子解释道。

"都是爸爸的错，爸爸错怪你了，以后别的同学那些闲言碎语你不要听，努力学习，学习成绩好了，就没人敢轻视你了，知道吗？"

"我知道了，爸爸，谢谢你的理解。"

心理分析

代维的爸爸是个懂得和青春期的儿子沟通的好爸爸。儿子犯了错，他并没有选择粗暴地责问、无情地惩罚，而是选择了倾听。倾听之中，表达了对儿子的理解，让儿子感受到了爱、宽容、耐心和激励。试想，如果他在被老师请去学校后就大发雷霆，不分青红皂白地将孩子打骂一顿，结果会怎样呢？可能是父子之间的距离越来越远，男孩的叛逆行为越来越严重。

但现实生活中，这样的家长又有多少呢？随着现代社会生活节奏的加快、竞争压力的加大，为了能给孩子一个优越的生活环境，家长常常因为工作忙碌而忽视了与男孩多沟通，陪孩子一起成长。当青春期的男孩稍微出现一些"异常"行为，他们就会采取训斥、打骂的方式，希望男孩能好好接受自己的管教，而情况常常是事与愿违。事实上，青春期的男孩是叛逆的，教育他们不能再像从前那样，采取棍棒式的教育方式，而应平等地与他们沟通，男孩如果缺少父母的理解，那么，亲子关系就会越发紧张，甚至对孩子的成长产生不利影响。

我们该如何改变棍棒式的教育男孩的方式呢？

专家建议

1. 凡事只说一次

生活中，一些男孩说："每次，我都想跟爸妈谈谈心，可是他们太啰唆了，只要我做错点什么，他们就不断地数落我。其实，我已经知道错了，但他们的口吻真让我受不了。"很多父母没有意识到的是，你的儿子已经是个大孩子了，他们已经有了独立的自我意识，也学会了如何审视自己的行为，凡事只说一次就好，这也是尊重男孩的表现。只有让男孩体会到家长对自己的尊重，他才能更加信任家长，和家长以心换心。

2. 方式柔和，避免正面冲突

对于自我意识逐渐增强的青春期男孩来说，他们有很强的自尊心，教育他们一定要讲方法，如果他们一旦犯错，家长就采取谩骂、呵斥的方式，那么，不但不能让孩子接受并改正错误，还会给家庭生活带来很多困扰。

可能男孩做得不对，但作为家长不要急于批评他，应该在倾听之后，对他表达你的理解，在男孩接纳你、信任你之后，再以柔和坚定的态度和男孩商讨解决之道，从而激励他反省自己，帮助他从错误中学习成长。

3. 把焦点放在"解决"上

作为成年人，很多时候会认为孩子的想法是不对的，甚至是不符合常规的。抱着这样的心态，我们很容易以先入为主的心态教育男孩。实际上，我们必须明白一点，出现了问题，最重要的是解决而不是批评，我们应该做的是等男孩把话说完，再提出解决的办法，才会让孩子感受到尊重。

总之，教育青春期的男孩，一定要考虑到他们的叛逆心理，不可与之对着干，要重在引导，让男孩感受到尊重，才能真正听进去父母的话。

■ 别总是把他当小孩子

家长的烦恼

赵宁刚上初中一年级，学校要举行全校性的纠正错别字竞赛。赵宁告诉妈妈："老师想让我参加纠正错别字竞赛。"

"这是件很好的事，你去报名了吗？"

"还没有。"

"为什么？是不是没有想好？"妈妈问。

"竞赛时台下会有很多人看，我有点害怕。"赵宁很激动，毕竟这是他第一次参加这种集体性的竞赛活动。

"要是参加竞赛的话，也可以锻炼锻炼自己，不过这件事你还是自己决定，我只是告诉你我的想法。"妈妈鼓励道。

后来，赵宁自己决定参加这次全校范围内的纠正错别字竞赛。

心理分析

的确，男孩到了青春期后，已经有了自己独立的意识，我们可以让他们自己选择。赵宁的妈妈就是位家庭教育的有心人,她也是明智的。事实上,每个青春期男孩的父母都应该改变教育思路,不要再把男孩当成儿童了,因为他们不再是依偎在父母身边的小孩子了,我们应该给他们足够的空间和选择的权利。

专家建议

为此,我们在与青春期男孩沟通中,要记住以下方法:

1.学会放手

生活中,我们每个人都需要自由,男孩也一样,对男孩大包大揽,要么会导致你的儿子越来越娇气,使其最终成为永远长不大的男孩,要么会激化男孩的叛逆情绪。

其实,每个男孩的成长过程就像走楼梯的台阶,随着时间的推移,他们走过的台阶就越多,是搀扶着上还是抱着上?不同的父母会有不同的答案。显而易见,如果家长牵着、搀扶着男孩,就会使男孩产生依赖性,常常把父母当成拐棍而难以自立。如果家长抱着孩子,把孩子揽在襁褓里,那么,孩子就会成为"被抱大的一代",不经风雨,不见世面,更难立足于社会。平时,男孩饭来张口、衣来伸手,上学接送、晚上陪读,甚至考上大学父母还要跟着做"保姆",大学毕业后找工作,又得父母跑单位,这样的男孩是很难自立成人、大有作为的。

相反,家长让男孩自己去登这人生的台阶,告诉他:加油,要勇敢地向前冲!即使他摔了很多次,但他在摔跤的过程中,积累了不摔倒的经验教训,也锻炼了他的意志,这对于他的成长是受益无穷的。

为此，父母一定要对男孩放手，鼓励他独立完成力所能及的任务，让他学会自己照顾自己。当他遇到困难时，不要一味包办，要让男孩自己想办法去解决。当然，开始时父母要予以必要的指导，使男孩慢慢学会自己处理各种事，而不能一下子撒手不管，让男孩手足无措，更加胆小。

2.把他当作成人一样尊重

做父母的应尊重男孩，把他当作家庭中平等的一员来对待，要尊重他在家庭中的地位，任何涉及儿子的事情，都应尊重或听取儿子的意见。要尊重他的见解，甚至当你不同意时，也要以商量的口吻表示对孩子的尊重。如对话时，不要打断或反驳他；不要干涉他做自己喜欢的事等。

再者，我们还要像赵宁的妈妈一样，让男孩学会自己做决定。作为成年人，父母拥有大量的选择机会，可以更好地控制自己的生活。而男孩，作为未成年人，也应该拥有选择的机会。如果你的儿子了解自己的偏好，对自己的偏好充满信心，足以顶住外部的压力，并且能够全面考虑他做出的选择可能给自己及他人带来的后果，他就会做出更加正确的决定。与他一起生活和学习的成年人应该尽可能帮助他培养这些思考和反思的技能。

总之，教育青春期的男孩，我们必须改变教育思路，走出教育的误区，不要把男孩当成我们的附属品，而要把他们当作成年人，尊重他们，给他们足够的空间，与他们平等对话，只有这样，才能抚平他们的叛逆情绪，使其愿意与我们做朋友。

4

做好沟通引导，正面引导男孩的叛逆行为

男孩到了青春期，便不像童年那样听话了，他们的独立性大大增强，他们更渴望参与成年人的生活，要求独立、得到尊重。他们开始营建自己的"小天地"，不愿意依赖父母，甚至出现心理闭锁，尤其是不愿意与家长沟通，这无疑都会让身为父母的我们感到苦恼。其实，我们需要掌握一些引导他们的方法，真正走入男孩的世界，用心体会青春期的风云变幻。理解男孩，才能让他们真正接纳你，愿意向你敞开心扉！

■ 青春期的男孩撒谎为哪般

> **家长的烦恼**
>
> 周五这天晚上，小宁到晚上7点还没回家，宁先生和妻子很着急，他们给小宁最好的同学打了电话，小宁也不在他那里，正当他们准备去学校寻找儿子时，小宁气喘吁吁地回来了。
>
> "怎么这么晚才回来，你知道爸妈多担心吗？"宁先生问儿子。
>
> "哦，我在学校学习呢，课堂上几个知识点没搞懂，就问了问老师。"小宁对爸爸说这句话的时候，都没敢看爸爸的眼睛。而宁先生也明白，儿子在撒谎，因为他们刚给老师打过电话。
>
> 但宁先生并没有点破儿子的谎言，而是说："小宁，爸爸妈妈知道，现在的你已经是大孩子了，很多事都能自己处理，但爸爸妈妈希望我们之间能做到敞开心扉，你可以把我们当成真正的朋友，有些问题即使你自己解决不了，还有我们呢。"
>
> 小宁知道爸爸话里的意思，于是，他只好承认了事实：原来，他这次考砸了，不敢回家面对父母，便在家附近的公园里待了很久，所以才回来晚了。

心理分析

现实生活中，可能不少父母都为儿子经常撒谎的行为感到苦恼：以前的儿子乖巧听话、什么都跟父母说，为什么现在学会了撒谎呢？

的确，诚实是做人的原则，是一种正直的品格，历来受人推崇。莎士比亚有句名言："质朴比巧妙的言辞更能打动我的心。"爱默生曾说："诚实的人必须对自己守信，他的最后靠山就是真诚。"任何父母都希望自己的儿子是个诚实的人，那么，为什么一些青春期的男孩会撒谎呢？从案例中的小宁身上，我们能看出来，他是为了逃避责任。

那么，我们该怎样培养诚实的男孩呢？

专家建议

1.从点滴小事中培养男孩诚实

培养孩子诚实的品质，它既要求家长有长期坚持的耐心、与时俱进的细心，又深深扎根渗透于日常生活的琐碎点滴中，贯穿家庭生活和亲子成长的全过程。家长应从小就要求孩子说真话，不说假话；做错事时勇于承认自己的错误并能及时改正；不拿别人的东西，借别人的东西要还；做到"言必信，行必果"。

2.告诉男孩凡事要诚实，不要敷衍任何人

要做一个诚实的人。生活中，我们要告诉男孩，无论是对待老师、同学还是家长，都要做到诚实面对，凡事做到问心无愧，这样你一定会成为一个正直的人。

3.帮助男孩和父母、老师、同学建立相互信任的关系

生活中，我们发现有这样一些男孩，他们会向父母谎报成绩，向同学骗钱，长此以往，他们越来越喜欢欺骗的感觉，而周围的人也开始不愿意相信他们，这会影响男孩们良好品质的养成。因此，我们若希望男孩成为他人眼中值得信任的人，就要告诉他们必须诚实面对他人，也诚实面对自己的内心。有时候，与其承受撒谎的内心煎熬，还不如坦诚相告。

4.及时纠正男孩的不诚实行为

人都犯过错，包括撒谎。也许你的儿子曾经为了逃避一次罪责，为了获得某样东西而撒过谎，这时你一定要帮助他认识到行为的错误，让其主动向对方道歉。当男孩敞开心扉后，他的内心必定会畅快很多。

总之，我们要让男孩明白的是，一个杰出的、具备高素质和高能力的男子汉必须诚实可靠。人在少年时一定要积累知识和财富，但同样也要注重德行的修养。诚信是人生最大的美德，它像一根小小的火柴，燃亮一片星空；像一片小小的绿叶，倾倒一个季节；像一朵小小的浪花，飞溅起整个海洋。

引导孤独的男孩打开心扉

家长的烦恼

严太太个性好强,在单位是工作的一把好手,业绩突出,她希望自己的儿子也能成为佼佼者。在大家眼里,儿子一直是个乖孩子,但不知从什么时候起,儿子好像变得孤僻了,再也不愿和自己包括周围的长辈说话了。

有一段时间,严太太还发现儿子的书包里好像多了一本日记,难道儿子有什么秘密?不会是恋爱了吧?怀着强烈的好奇心,一个周末,严太太趁着儿子不在家看了儿子日记。令严太太意外的是,儿子并没有什么秘密,日记的内容只不过是学习压力的倾诉以及与好朋友相处过程中遇到的问题。

看到这些,严太太悬着的心终于放下了。但从这件事之后,细心的儿子居然给日记上了锁,这让严太太又产生了很多疑问。

心理分析

严太太的教育方法很明显不恰当，只会引起儿子的反感。有时候男孩写日记，只是因为他们需要找一个倾诉的对象。这是因为青春期的男孩都有孤独心理。

那么，为什么青春期的男孩会产生孤独感呢？

男孩一到青春期，随着身体上的发育，他们在心理上也产生种种变化，他们对于以前父母灌输给自己的种种思想也产生怀疑，甚至不再相信成年人。因此，他们觉得孤独，需要一个倾诉的对象。日记就是倾诉的一种方法。

可能不少父母会感到疑惑：为什么儿子宁愿写日记也不愿意向自己倾诉？其实，我们为何不反省一下自己与孩子沟通的方式呢？粗暴干涉的方法只会让男孩疏远我们。可见，父母只有找到与男孩的沟通方法，才能让孩子对我们敞开心扉。

专家建议

1.了解青春期男孩身心发展的特殊性

处于青春期的男孩，他们身心发展迅速且不平衡，很容易出现各种问题，包括变得孤僻。但对此家长不必焦虑，而应该调整心态，以平常心对待，否则会影响亲子关系。

2.改变以往的教养方式

我们不应再以对待小孩子的方式对待正在向成年人转化的男孩，对男孩要有尊重的意识。孩子是一个独立的个体，我们不能以自己的想法代替男孩的想法，所以要学会倾听男孩的心声，而不是一味地管教，这样才能化解男孩的对立情绪，使其把心里话说出来。

3."蹲下来看男孩"

理解孩子就要学会和男孩沟通。怎样沟通？就是"融进去，渗出来"。

蹲下来，你才能看到和孩子眼里一样的世界，就更容易理解孩子看到了什么，在想些什么。只有这样，才可以实现有效的沟通。

4.做男孩的朋友

这是一种亲子之间的新型关系，当男孩进入青春期后，便产生一系列独立自主的表现：他们要求和成人建立一种不同以往的朋友式的新型关系，迫切要求老师与家长尊重和理解自己，如果家长和老师还把他们当作"小孩"而加以监护、奖惩，无视他们的兴趣、爱好，他们可能以相应的方式表示抱怨，甚至产生抗拒的心理。从这时起，男孩便开始疏远父母而更乐于和同龄人交往，寻找志趣相投的伙伴。他们的交往范围也不断扩大，先在班级中，而后可能发展到班级外甚至校园外。

因此，家长不要再把男孩当作"小孩子"来对待，要放手让他们独立处理一些事情，尊重他们的意见，信任他们，主动和他们商量家中的一些事情，满足他们的正当要求。这样，他们便同样以朋友的身份与你沟通了！

有效处理青春期男孩的对抗情绪

家长的烦恼

这天，学校召开了一次家长会，很多男同学的家长纷纷提出，儿子到了初中后脾气就变坏了，父母的话根本听不进去，甚至还公然和父母对抗。

"儿子上小学时很懂事乖巧，叫他做什么就做什么。自从上了初中就跟变了一个人似的，老说我唠叨，多说一句就厌烦我，摔门走开。我为他做了这么多，还不领情！"

"儿子13岁，年前还是个很听话的孩子，过完年就不行了，学习成绩急剧下降，偷着上网吧，跟不好的孩子玩，作业也不做。我现在处处监督他，可是越管越不听，特叛逆，老跟我顶嘴，和我对着干。求他也不是，骂他打他也不是。我没招了！"

心理分析

案例中父母的烦恼，或许很多家长都遇到过。我们会发现，儿子到了青春期后,好像总是故意和自己作对,总和自己唱反调。很多父母感叹:"我让他往东,他就是往西。""我说的话,他就没有听过。"的确,青春期的男孩常常会产生逆反心理。

其实,作为父母,我们自身也应该反思,你理解你的儿子吗?你有真正聆听过他的想法吗?很多时候,叛逆的青春期男孩并没有太大的事情,他们只是想找个可以倾诉的人而已,把内心的烦躁说出来。

作为父母,我们一定要学会聆听男孩。这里说的聆听,是需要你用心去聆听,用心去感受男孩成长的变化,合理地引导男孩。我们不要以为之前的教育方式就是很正确的,那是因为孩子还小,处于弱势,没有拒绝的权利和抗拒的能力。而到了青春期,男孩就敢于对家长说"不",而家长也开始变得困惑、生气、抱怨、伤心……

那么,父母该如何处理男孩的对抗情绪呢?

专家建议

1.给彼此5分钟冷静的时间

任何教育方法的前提是父母能够控制住自己的情绪。在气头上的父母怎么会有能力、有智慧运用良好的方法呢?

"5分钟后再继续谈",面对男孩的事情,给自己留5分钟的冷静时间。冷静下来,你会发现其实没什么大不了。男孩走进青春期,需要父母用耳朵、用心去倾听孩子,理解孩子。

2.做出一些让步

让步在很多时候可以表明你欣赏男孩的成熟,并且意识到他对更多自由和自主的需求。

这里，我们需要区分以下两点：

（1）可以商榷的。对于那些不影响学习、不涉及男孩的生活质量和生活习惯的，就是可以商榷的。例如，睡觉时间、发型、衣服的样式，这些可以商榷，并达成协议。

（2）不可以商量、妥协的。不符合以上原则的，也就是不能商榷的。例如，男孩不做作业、抽烟喝酒等，就绝不能妥协。对此，即使他与你争吵，你也不必因害怕破坏与孩子间的关系而一味妥协让步，需要通过规定限度与制订标准来规范孩子的行为。

事实上，即使父母的规矩不多，也不会得到青春期孩子的"较高评价"。父母可以通过交流与让步避免强烈的冲突，但是他们必须制订一些标准，这是让男孩学会自律的重要方式之一。

3.契约教育法

"契约教育法"的秘诀就在于：儿子的行为一旦约定俗成，家长就不用三令五申，照章考核孩子的行为就行了。它可以帮助男孩自我观察，建立良好行为，父母省去了许多说教，亲子之间的情绪冲突大大减少，男孩也会因此学会自主管理。

总之，青春期的男孩和我们唱反调，我们就要做出教育方法上的调整，该放手时要放手，教会他去为自己负责；该信任的时候要信任，给男孩锻炼的机会，这样才能让男孩在体验中成长。

■ 面对孩子的质疑，要耐心解释

家长的烦恼

亮亮是一名初中一年级的学生，他的父母都是普通的工人，家庭经济条件虽然一般，但他的父母一直都努力工作，想把最好的都给儿子。以前，亮亮一直是个听话的孩子，但升学后，叛逆期的他似乎什么都爱自己拿主意，爸妈说什么也不爱听了。

这天早上出门前，妈妈顺口嘱咐了一句："在学校听老师的话。"

"你们就希望我听话，真是的，为什么要听话，难道你们说的就对吗？"亮亮反驳道。

"你这孩子，怎么这么说话？"

"难道不是吗？你们就喜欢和老师串通，老师在你们面前说我在学校的坏话，你们也向老师传达我在家里的事，你们别以为我不知道，你们有考虑过我的感受吗？我是个大人了。"

听完儿子的话，妈妈无言以对。

心理分析

生活中，可能也有父母遇到过这样的情况：儿子直接质疑并批判我们的做法，我们该怎么回答？

对于每个家庭来说，孩子的青春期同时也是危险期，需要父母的关爱和引导，但很多父母很少静下心来听孩子的想法，而是一味地命令孩子："你不听也得听。"男孩的想法被压制住了，也就变得更叛逆了。很多父母感叹：儿子批判自己的教育方法该怎么办？

其实，父母是否想过，自己的教育方法真的正确吗？男孩批判你，证明你的方法没有对他起到作用。

父母都希望自己的儿子听话、乖巧，但他并不是父母的私有财产，如果希望男孩样样服从自己的安排，结果将会适得其反。家长在言行上矛盾的教育常让男孩无所适从。我们在学习家庭教育理论知识的同时，还要善于反思、总结，不断提高自己的素养、转变自己的旧观念，把理论灵活地运用到实践中去，才能取得好的效果。

专家建议

1.不要把你的观点和价值观强加给男孩

你越是将自己的观点和价值观强加给男孩，并自以为男孩会与你分享，他拒绝接受它们的可能性就越大，即便男孩较小也会如此。

因此，我们要想办法弄清男孩的想法。例如，你可以这样说："我喜欢这个想法，但重要的是你如何看待。"而不是说："太棒了，你不这样认为吗？"或者可以说："你怎么看待那档电视节目？"而不是说："那档电视节目简直就是胡说八道。"

2.别独裁，让男孩学会自己拿主意

父母总把男孩放在自己的掌心，而他却渴望有一片自己的天空。这种"独裁"只会把你的儿子从你身边拉走。有些家长喜欢包办代替，操心受累之余还总爱委屈地说一句："我什么都替他想到了，能做的我都做了，我容易吗？"可是对于这一"替"，儿子不但不领情，反而加剧了他们的叛逆心理，尤其是进入青春期的男孩，他们更愿意固守自己的意志而拒绝家长的好心安排。

其实，父母的良苦用心可想而知，但有时却让男孩感到不受尊重。

大多数时候父母都会认为，孩子还小，很多事情他们不懂，我们选择的对他们才更有好处。殊不知，男孩已经进入青春期了，他们也有鲜活的思想和情感，有自己的兴趣。只有从兴趣出发，男孩才能自主地学习，才能学得又快又好，才能享受到学习的乐趣。

3.沟通时考虑男孩的感受，尽量避免与男孩发生冲突

既然是沟通，肯定会产生意见分歧，尤其是与青春期男孩交流，他们的情绪容易冲动，稍有不慎，便会导致男孩产生叛逆心理，引发抵触情绪并阻碍沟通交流。所以，与男孩沟通，一定要注意考虑他的感受，尽量避免冲突。即使发生了冲突，也要让自己冷静下来，立即采取适当方式主动停止争辩，待双方冷静后再来开导男孩，效果会好得多。

总体来说，教育青春期的男孩，我们一定要了解他们叛逆的心理，同时及时反省自己的教育方法，真正尊重男孩，做男孩的知心朋友，为其提供所需要的成长环境，使其获得更多的力量与信心，才能与男孩一起成长！

■ 正面管教青春期男孩的叛逆行为

家长的烦恼

很多年前，刘先生的妻子就因病去世了，刘先生一个人把儿子拉扯大。一直以来，飞飞都是个听话的孩子，但最近，刘先生却发现儿子越来越难管教。

这天，班主任把刘先生请到了学校，对他说飞飞最近学习状态不大好，成绩下滑很厉害，而且学习劲头不足，希望他能多关心和帮助孩子。听到班主任这么说，刘先生也很伤脑筋，他说："其实，我也很纳闷，飞飞最近好像变了很多，他根本就不愿意和我说话，一回家就躲进自己房间。有一次，我实在看不下去，就跑到他房间去问他在学校的学习情况，他竟然把我推出房间了。"

在刘先生的印象中，飞飞一直是个乖巧的孩子："他小的时候很听话，学习也很努力，自己考上了这所名校，当时我觉得很骄傲。可自从上了初中，听话懂事的孩子变了，问什么都不说，还总嫌我烦。成绩也不如以前了，眼看着就要上初三，他现在这样的学习状态可怎么办？一个人带孩子很不容易，我现在的工作压力也很大。"

> 听到刘先生的烦恼后,班主任答应自己亲自开导飞飞。当班主任问飞飞为什么变得不听话的时候,飞飞的回答让班主任大吃一惊:"我都14岁了,再听父母的话,会被同学们笑话是长不大的孩子的。"

心理分析

现实生活中,可能不少青春期男孩都和飞飞一样变得不服管教,这让我们父母很苦恼。其实,这是青春期孩子叛逆心理的正常表现。

当男孩进入青春期,他的身体发育加快、思维成长到一定程度时,便开始思考自我,思考人生,也开始被身心成长过程中的很多问题所困惑,此时,他会本能地去挣脱这些困惑。尤其是他从小到大始终在家人的呵护下成长的经历,使他手足无措地发现现在遇到的事情和情况很麻烦,但是又不知道如何向家长说明,这种困惑和无助,致使他在挣脱困惑时趋向企图独立,于是就什么事情都不告诉家长,讨厌家长"多余"的帮助,要有自己的人格和见解,家长说什么都不听,对家长的建议不加思考地一律否定。这就是叛逆!

所以,大部分青春期的男孩都认为,长大的孩子就不应该再听父母的话了,认为听话是一种不成熟和没长大的表现。对此,家长一定要加以引导,让男孩正确认识是否该听父母的话。

专家建议

1.不必让男孩什么都听父母的

童话大王郑渊洁说他从来没有对自己的孩子高声说过一句话，也从来没有说过"你要听话"。"因为我觉得把孩子往听话了培养那不是培养'奴才'吗？"因此，如果你的儿子不听话，你不妨告诉他："爸妈并不是要你盲目地听我们所说的每一句话。"这样说，会很容易让孩子感受到父母对自己的理解。

2.给男孩一个行为标准

这个行为标准的制定必须是在和男孩已经站在统一战线的前提下，也就是男孩认可有时候父母的话是正确的。

此时，你应该告诉男孩一个原则、一个标准。在这个标准下，他知道什么东西应去执行，什么东西应坚决反对，掌握好这个度就可以了。不是不管他们，而是怎样合理地管。

3.鼓励男孩学会自己思考

青春期的男孩有自己独特的思维。作为家长的我们，如果用成年人的思维方式对他们粗暴地干涉，就会扼杀他们的想象力和创造力。

综合来看，对于青春期男孩不听话这一问题，我们一定要辩证地看。我们不需要培养那种盲目听话的"乖孩子"，男孩的"听话"应更多体现在生活规矩、行为道德上，而青春期男孩天性叛逆，有自己的想法，父母应做出正确的引导。

■ 架起亲子之间心灵的桥梁

家长的烦恼

宋女士是某公司的老总,她能把公司管理得井井有条,但对自己的儿子,她却用"无能为力"来形容,尤其是儿子到了青春期后,更变得叛逆起来,不管她说什么,儿子总会与她对着干。无奈之下,她找到了心理咨询师,心理咨询师试着与这个孩子沟通,但出乎她的意料,这个孩子很合作。

"为什么总是与妈妈作对?"

他直言不讳地说:"因为妈妈总是像教训、指挥员工一样来对待我,我感觉自己不是她儿子,所以我总是生活在妈妈的阴影里。"

心理咨询师把男孩的原话告诉宋女士,然后把他们母子请到了一起。宋女士十分激动而又真诚地对儿子说:"儿子,你和我的员工当然是不同的,妈妈希望你更出色!"

听完这句话后,心理咨询师立即给予纠正:"您应该说'儿子,你真棒,在妈妈心里你是最优秀的,我相信你会更出色'。"

宋女士不明白为什么要纠正,心理咨询师说:"别看这是大同小异的两句话，其实有着很大的不同，前者是居高临下的指挥，后者是朋友式的赞美和鼓励，我觉得您在教育孩子上，不妨换一种方式，多一些引导，和孩子做朋友，而不是教训孩子！"

宋女士听完，若有所思地点点头。

心理分析

宋女士的教育方式在中国很典型，对于男孩，他们多以教训和指挥的口气来教育。在男孩还很小的时候，也许习惯了父母的教训，但到了叛逆的青春期后，他们开始反击，除了与父母对抗这一表现外，他们还喜欢用沉默来面对父母。于是，很多父母纳闷，为什么儿子不愿意与自己说话呢？

其实，这是我们的教育方式出了问题。对于青春期的男孩，我们要做的是引导，而不是教训。因此，我们要在内心把自己和男孩放在平等的地位上，把他看成家庭中很重要的一个成员来对待，遇到问题也要和男孩多商量商量，对其多加引导。要尊重男孩，尊重他的人格，尊重他的意见。不可动辄就训斥，那样只会使他离你越来越远。

专家建议

1.转变思维，摒弃传统的家长观念

要想使自己与儿子的关系更加亲密，让儿子乐意与自己"合作"，首先要做的就是转变思维，即打破那种传统的家长观念，不是去挑男孩的毛病，而是不断使自己的思维重心向这几个方面转移：儿子虽然小，但也已经是个大人了，他需要尊重；我的孩子是最棒的，他具备很多优点；允许男孩犯错误，并帮助他去改正错误……

2.放下长辈的架子，与男孩平等沟通

有些父母为了维护在男孩心中的地位，刻意与男孩保持距离，从而使男孩时刻都感觉家庭气氛很紧张。亲子之间存在距离，沟通就很难进行，在没有沟通的家庭里，这种紧张的气氛往往就会衍化成亲子之间的危机。

因此，我们不能太看重自己作为长辈的角色。因为长辈意味着权威和经验，意味着要让别人听自己的。但事实上，在急速变化的多元文化中，这种经验是靠不住的。不把自己当长辈，而是跟男孩一起探索、学习、互通有无，这种做法会让你在与男孩的沟通上变得更加自由和开明。

3.开通沟通渠道，让男孩"有话能说"，自己"有话会说"

家长与男孩交流时，要坚持一个双向原则，让男孩有话能说。例如，在交流的时候，无论男孩的观点是否正确，你都应该给予赞赏，然后可以批评指正，这样可以鼓励他更大胆、更深入地交流。同时，作为家长，更要有话会说，同样的道理，采用命令的口吻和用道理演示达到的效果是不一样的，很明显，后者的效果会更好。如果能用通俗易懂的话说明一个深刻的道理，用简明扼要的话揭示一个复杂的现象，用热情洋溢的话激发一种向上的精神，男孩自然会潜移默化受到感染，明白父母的苦心。

总之，要想让男孩打开心扉与我们沟通，就要做到真正与男孩平等沟通。你对男孩的理解和尊重，必然有利于问题的真正解决，有利于两代人的沟通！

5

加强学习交流，让男孩在学习中找到乐趣

　　对于很多父母来说，男孩到了青春期，他们就会对男孩有更多的期望，因为这个阶段是男孩长知识的重要时期。但同时，此阶段男孩的学习任务也急剧加重，这段时间的男孩最需要父母给予学习上的辅导。因此，我们不仅要做好父母，还要做好家庭教师。针对男孩的学习困扰，我们一定要引起重视，但更要注意方式，我们要多注意引导，多培养男孩的兴趣、激发男孩的求知欲、传授正确的学习方法，从而让其提高学习效率，提升学习成绩！

■ 引导孩子克服考试焦虑情绪

家长的烦恼

坤坤是个贫困生，长时间的心理压力让他不得不看心理医生。他在心理咨询中说道："我的家庭十分拮据，父母挣钱很艰难，但他们都极力支持我读书，并说只要我考得上大学，愿意倾家荡产，贷款也要供我读书。回到家里，就算再繁忙，他们也不让我做家务，因为我的任务就是学习。在别人看来，我是一个多么幸福的孩子，可哪里知道，在这'幸福'里，我背负了多么沉重的心理压力，我怕考试，我怕自己成绩考差了，对不住全家人。"

心理分析

坤坤的考试压力来自家庭，父母供他读书不容易，对他期望太高，因此，一旦考试失利，就很容易产生负罪感，父母的期许成了他的负担。

我们不可否认，青春期男孩身上的学习压力很大一部分来自外界，如父母的、老师的、同学之间的，但压力终究是自身的一种精神状态，也是可以解除的，这需要作为父母的我们做孩子的心理导师。

专家建议

以下几种方法可以帮助青春期男孩平衡自己的内心，正确处理考前的焦虑问题。

1.鼓励男孩，告诉他"你可以"

无论做什么事，自信对于一个人来说都是极其重要的，这关系到一个人的潜能是否能被挖掘出来。很多的科学研究都证明，人的潜力是很大的，但大多数人并没有有效地开发这种潜力，假如你有了这种自信力，你就有了一种必胜的信念，而且能使你很快就摆脱失败的阴影。相反，一个人如果失掉了自信，那他就会一事无成，而且很容易陷入永远的自卑之中。

青春期男孩的考试焦虑问题，一个重要原因就是对考试结果的期望高。如果他们抱着轻松的心情，不太在意考试结果，那么，自然就能心平气和地面对考试。

为此，作为父母的我们一定要鼓励男孩"你可以"，并告诉他们不要太在意考试成绩，相信他是能控制自己的焦虑情绪的。

2.告诉男孩几种考前减压的方法

（1）考前两天。增强自信，择要复习。告诉男孩："你在考前复习时要有所侧重，只要检查一下重点内容是否基本清楚就可以了。所谓重点，一是老师明确指定和反复强调的内容；二是自己最薄弱的、经常出错的地方。如果确认这些地方已经没有问题，就可以安下心来，并反复暗示自己'复习很充分，一定可以'。"

（2）考试前夜。尽情放松、睡眠充足。考前的休息也十分重要，千万不要在考试前夜牺牲睡眠时间去复习，这是得不偿失的。临考前夕，要尽情放松，看看花草散散步，减轻心理紧张度，听听音乐愉悦心情，打打球调剂大脑，早些休息，一定要避免思考过多，精疲力竭。

（3）考试当天。适时到校。考试当天，必须做到吃早吃好。也就是说要有充足的用餐时间，最好在考前一个半小时用餐完毕。否则会因过多血液用于消化系统，使大脑相对缺血，影响大脑功能的发挥。

在到考点的时间上，一般在考前20分钟到为宜。太早了，遇到偶发事件的可能性增大，极易破坏良好的心态。过迟，来不及安心定神，进入考试角色的心理准备时间太短，有可能导致整场考试在慌乱中进行，造成不必要的失误。

（4）掌握一些答题技巧。在具备了扎实的基础知识、基本技能、良好的心理品质后，还应该掌握一定的应试策略，这里讲的应试策略就是科学地应试，掌握一定的方法技巧，这对实现考试目标有着至关重要的作用。总有一些男孩考试"怯场""晕场"，除了心理上的原因外，没有掌握科学的应试方法也是一个重要原因。

另外，我们还可以告诉男孩：如果做出以上努力后仍然怯场，也不必惊慌。这时男孩不妨按照以下步骤做：先搁下试卷，稍做一下揉面部等活动，或伏案休息片刻，这种转移注意力的方法，有助于克服紧张情绪。也可采取深呼吸的方法慢慢呼气、吸气，同时放松全身肌肉，经过1~2分钟的练习，也能缓解极度紧张的状态。

■ 让男孩自觉主动地学习

家长的烦恼

有一天，王奇和同学在家里玩游戏，这天刚好是周六，两人居然玩了一整天。当王奇的爸爸妈妈回来时，他们还在"战斗"中，王先生有点生气，但他还是语重心长地教育王奇。

"奇奇，你为什么每次都要我们督促才学习呢？你觉得学习是为了谁呢？"

"为了你们啊，我考好了，你们在单位同事面前就很有面子了。"王奇得意地回答着。

"儿子，你这么想就不对了，学习都是为了自己，爸妈在同事面前夸你，是因为我们高兴，最终受益的是你自己，知道吗？"王先生说。

"王叔叔说得对，王奇你这种想法可不对。谁都希望子女比自己强，辛辛苦苦地供孩子读书，也是希望孩子以后能有好的生活。我们应该给自己确立一个目标，努力朝目标奋斗。"王奇的同学纠正道。

经过这一番谈话后，王奇和同学在家打游戏的次数明显少多了。

> 原来，他是躲进书房学习去了。在接下来几次的月考中，王奇的成绩提升得很快。

心理分析

青春期的男孩正处于身心发展时期，更是学习发展的绝佳时期。而男孩总是被动、消极、等待父母催促的学习状态，是很不利于提高学习成绩的。

在竞争激烈的当今社会，一个人的竞争力如何，很多时候体现在他是否有自主学习的能力上，因为这涉及一个人最终能否获得丰富的知识、能否变得博学。同样，青少年也应该学会自觉、自主地学习。如果男孩能做到自主学习，那么，他的学习效果就会显著加强，远非注入式教学所能相比。

古人说得好："善学者教师安逸而功倍，不善学者教师辛苦而功半"，一个学生一旦有了自觉学习的理念，他就能主动学习，独立思考，将来参加了工作，他也能找到自身的不足，不断地扩充自己的专业知识水平，懂得探究，最终实现成功。

当然，自主学习的能力不是一朝一夕形成的，它是在学习实践中反复训练、反复运用而不断提高的。让男孩学会自主、自发地学习，需要作为父母的我们不断引导。

专家建议

针对学习问题，我们要这样与男孩沟通：

1. 帮助男孩端正学习目的

你要告诉他："你为什么而学习？是父母强逼你学习，还是你有着伟大的梦想？"如果在男孩看来学习是一件无奈的事，那他又怎么可能投入全部的热情学习呢？

2. 帮助男孩制订详细的学习计划

盲目地学习是没有好的效果的，效率差的学习会让男孩的自信心逐渐消失殆尽。因此，你最好帮助男孩制订一份详细的学习计划，每天干什么、什么时间干，要有详细的计划。计划要切合实际，要略高于他现在的学习能力。因为这样才能让学习计划帮助男孩规范自己、约束自己、提醒自己和鞭策自己！依计划而行，则有条不紊，顺理成章；无计划行事，则漫无目的，失去方向。

3. 督促男孩坚持学习计划

一直以来，学习都不是一件很轻松愉快的事情，也不是一蹴而就的事情，它必须付出艰苦的努力。告诉男孩，不要把学习看作一种负担、一种包袱和苦差事，学习是一种追求、一种兴趣和一种责任，学知识是为了人生更快乐，更有滋味，更有激情。

总之，学习过程中，男孩自己才是学习的主人，你应该告诉他学会将自己的全部感官都调动起来，然后积极地参与到学习中，自己去看书、去思考，去发现问题、分析问题、解决问题，从而让其掌握自主学习的方法，探索知识的规律。

■ 小窍门让男孩记忆更出色

家长的烦恼

李太太有一段时间很烦恼，儿子到了初中以后，好像变得很迟钝，以前一篇古文很快就能背诵下来，现在每天抱着书本背好像也记不住。为了帮助孩子解决烦恼，她请教了小区的一个文科第一名的学生。

"我用的是目录记忆法和闭目回想法。目录记忆法指的是：首先不要直接背内容，先把大目录背牢，然后再背小标题。这样体系建立了，各历史事件的关系也更明了，对整本书的理解也会加深。在背目录和小标题的时候会有很多新的领悟，直接背史实是很难体验到的。

"闭目回想法指的是：先闭上眼睛，然后回想书上某页的画面，你可以自己去填充里面的具体内容。如果发现有个地方怎么也想不起来，就马上翻书，仔细地把这个盲区'扫描'一遍，然后继续闭上眼睛回想下面的内容。这种方法对于加深记忆非常有效。"

心理分析

记忆力差是很多青春期男孩苦恼的事情之一,有时候课上学的知识很快就忘记了;有时候一个单词本来已经熟练地记下了,可很快就忘记了;有时候做事丢三落四。这就是记忆力差。很多父母也为男孩的记忆力感到担忧,儿子的记忆力这么差怎么办?

提高记忆力的过程,实际上也是克服遗忘的过程,培养良好的记忆能力也不是什么不可能的事,只要男孩能在学习活动中进行有意识的锻炼。

专家建议

作为父母,我们可以告诉男孩以下几种增强记忆的方法:

1. 学习时集中注意力

其实,课堂上的时间是最好的学习和记忆时间,充分利用好课堂时间,课后只要稍花时间加以巩固,就能真正获得知识。相反,如果精神涣散,一心二用,就会大大降低记忆效率。

2. 兴趣学习法

兴趣是最好的老师,这话并不是毫无根据的。如果男孩对学习毫无兴趣,那么,即使花再多的时间也是徒劳,也难以记住那些知识点。

3. 理解与记忆双管齐下

理解是记忆的基础。只有对知识点加以分析,然后理解,真正了然于心,才能记得牢、记得久,仅靠死记硬背则不容易记住。对于重要的学习内容,如能做到理解和背诵相结合,记忆效果会更好。

4.科学用脑

在保证营养、积极休息、进行体育锻炼等保养大脑的基础上，科学用脑，防止过度疲劳，保持积极乐观的情绪，能大大提高大脑的工作效率。这是提高记忆力的关键。

5.掌握最佳记忆时间

一般来说，上午9~11点、下午3~4点、晚上7~10点是最佳记忆时间，利用上述时间记忆难记的学习材料，效果较好。

6.及时复习

遗忘的速度是先快后慢。对刚学过的知识，趁热打铁，及时温习巩固，是强化记忆痕迹、防止遗忘的有效手段。

7.多回忆，巩固知识

要真正将某项知识记牢，就要经常性地尝试记忆，不断地回忆，这一过程要达到的目的是，使记忆错误得到纠正、遗漏得到弥补，使学习内容记得更牢。

8.读、想、视、听相结合

可以同时利用语言功能和视听觉器官的功能来强化记忆，提高记忆效率，比单一默读效果好得多。

总之，知识的积累就像建造房子，从砖到墙、从墙到梁，是一个循序渐进的过程。我们要告诉男孩，学习的时候一定要掌握一定的方法，这样，你在复习上的时间不需要很长，但效果会很好，磨刀不误砍柴工，就是这个道理！

■ 帮助孩子克服偏科的问题

家长的烦恼

王先生的儿子亮亮已经初三了，学习成绩一直不错。

一次数学测验，下课铃响了，亮亮还在埋头答题，数学老师催了几次，他都跟没听见一样。数学老师发火了，走过去夺卷子，亮亮用手一按，卷子撕破了，数学老师怒气冲冲地拿着卷子走了。

自此以后，亮亮对数字老师和数学这门课产生了抵触情绪。就这样，亮亮由一个数学尖子生一路滑坡，在后来的考试中，成绩也是一次比一次差，王先生为此很伤脑筋。

心理分析

青春期男孩偏科的原因有很多种，案例中的亮亮就是和老师发生矛盾影响了对该学科的兴趣导致偏科。但作为父母，我们都明白，每个青春期的男孩在学习上都要做到学科均衡发展，不可偏科。

可能你的儿子也有这样的烦恼：对于自己不喜欢的学科，越是不喜欢，就越不想学，久而久之，导致自己学习成绩越来越差。俗话说，兴趣是最好的老师。在学习中，兴趣是一种强大的动力，一旦人们对某一学科产生兴趣，就会促使他们积极探索，克服困难，直至成功。但中学阶段的大部分学科都是枯燥的，再加上一些学生可能不喜欢某门学科的老师，或者学习底子差，进而逐渐开始不喜欢这门学科，而对学科没有兴趣反过来也让他们没有学习动力，学习成绩自然会下降。

作为父母，我们应该成为男孩的学习导师，帮助男孩克服偏科现象。

专家建议

1.帮助男孩了解学习不同学科的意义

男孩不喜欢某一门学科，可能是因为他对这门学科的重要性认识不足。而且有些课的内容本身枯燥，不一定是老师的责任。每门学科都是有用的，男孩都必须学习。学会去做好不喜欢做的事情，也是他走上社会之后必修的一课，人无法总是任性地逃避。

例如，如果男孩不喜欢英语，那么你要告诉他："英语是一门工具课，无论你将来从事何种职业都是必须的。如果你等到需要用的时候再努力，就失去了最佳的发展时机。"

2.告诉男孩可以尝试投入和喜欢这些学科

人的态度对学习是很重要的，有时态度决定一切。心理学研究表明，当一个人对某一事物不感兴趣时，可以假装喜欢这一事物，告诉自己：其实我挺愿意去做这件事的。这样一段时间后，你就会在不知不觉中改变自己的态度，变得对这件事情感兴趣了。

3.男孩不喜欢这些学科，可能与学习成绩有关

其实很多东西，在一个人没有获得成就感的时候，往往是"没意思"的。如果他迫使自己去学习并获得进步，可能就会发现兴趣。

如果男孩在这些学科上学习成绩不太理想，你要告诉他，不要过分焦虑，不妨降低一点目标，采取逐步提高的办法。同时，也可以了解一下别人的学习经验，加以借鉴。要相信，一分耕耘，一分收获。当男孩的成绩有所进步时，男孩的信心也会因此得到增强，学习兴趣也就相应地得到了提高。

总之，我们要让男孩明白的是，所有的课程都是向别人学习的机会。三人行必有我师，因此，无论男孩喜不喜欢一门课，我们都要培养他学习的兴趣，只有这样，他才能真正端正态度努力学习。

■ 引导孩子找到学习的乐趣

> **家长的烦恼**
>
> 宋先生和太太最近很头疼，因为他们的儿子宋兴已经升入中学了，但是却开始厌学了。
>
> 后来，开家长会后，班主任老师和宋先生及其太太谈了谈，当时宋兴也在场。
>
> "宋兴同学，你能告诉老师，为什么你学习这么刻苦，成绩却不见提高吗？"老师说完，宋兴看了看他妈妈，好像不敢说的样子。老师好像看出了这点，就鼓励他说："有什么话你今天就当着老师和爸爸妈妈的面说清楚，这对你的学习有好处啊。"
>
> "其实，我对学习根本就没什么兴趣，每次我都是强迫自己背单词、做数学题，因为每天回家之后，妈妈都会检查我当天的学习情况，我只能这样。"宋兴说完，还是朝妈妈看了一眼。
>
> "哎，这年头，我们大人为了孩子付出了一切，可是，我们真的不知道孩子要的是什么，就跟我们家宋兴一样，我也知道，每天回家后，虽然他表面上看起来是在学习，但心思却不在书本上。"宋兴妈

妈说。

"我大概知道你们家宋兴学习成绩上不去的原因了，因为他对学习提不起兴趣，所以花的时间虽然多，但却没有什么效率。"老师继续说："作为家长，你们现在要做的，就是激发孩子的学习兴趣。"

心理分析

常言道，兴趣是最好的老师。没有学习兴趣是很多男孩学不好的原因之一。当他在某学科上学得不好，成绩很差，问他是什么原因时，他会理直气壮地说："我没兴趣！"甚至有些男孩说："我对学习没有兴趣，我学不好，我不学了！"

可见，没有了兴趣，也就没有了学习动力，兴趣对学习起基础、决定性作用。而男孩进入青春期后，课程内容增加、学习负担加重，如果男孩不能主动、积极地学习，那么，学习效率就会低下。所以，父母一定要注意激发男孩的学习兴趣。

专家建议

1. 让男孩自主选择，帮助男孩培养高尚的兴趣倾向

因为望子成龙思想，有些父母对男孩寄托了很大的希望，在男孩进入青春期后，他们为了不让男孩掉队或者想让男孩成为学习上的佼佼者，千方百计地想让男孩学得好，懂得多，于是，他们把男孩的周末安排得满满的。同时，他们还按照自己的主观意志去"规定"男孩的兴趣,而不是尊重男孩自身的兴趣,这样往往会耽误孩子的发展。男孩不按照自己的学习兴趣去学习的话,学起来会很辛苦,学习效率自然无法提高。如果我们能按照男孩的学习愿望去学习,把"望子成龙"修改为"望子成器",让男孩拥有自由发展的空间,效果可能会更好。

2.把男孩的兴趣和学习联系起来,让男孩产生明确的学习目的

例如,家长可以这样问:"你为什么对电脑游戏这么感兴趣呢?"

"因为我想当个游戏的开发人员啊。"

"真没想到你有这样大的抱负,但游戏开发不是一个简单的行业,一般人是进不了这个行业的。"

"那爸爸,您觉得怎样才能进入这个行业呢?"

"只有进入高等学府去深造,掌握大量的科学知识,在前人技术的基础上有所创造才可以。"

当男孩听完这些后,就会有一种想法:我必须考上大学,然后在这个领域深造,才能进入这一行业。这样,男孩就会真正明白:他应该去好好学习了。

而在这一过程中,整个交谈氛围是很和谐的,也使亲子之间的感情一点点升温,男孩对父母既感激又崇拜。

3.找到孩子提不起学习兴趣的原因,对症下药

我们父母首先要和男孩自由沟通,以温和的态度和孩子探讨为什么不喜欢学习。父母只有了解他的问题所在,才能为他解决问题。如对于因学习困难而对学习不感兴趣的男孩,家长要耐心地帮助孩子找到困难的原因,帮助他掌握科学的学习方法。

6

塑造好品格，培养男孩良好的性格

　　青春期的男孩正处于人生的岔路口，青春期给他们带来的除了身体上的巨大变化——逐步发育完全，还有思想、心理上的变化，这也是性格形成的关键时期。任何青春期的男孩都渴望成熟、独立，这个阶段后，男孩会变成什么样的人，全靠父母的引导。父母要引导男孩变得坚强勇敢，引导男孩具有高度责任感，引导男孩壮志凌云……要知道，任何一个男孩，练就好的性格，才会健康成长！

■ 自信是男孩成长的源泉

家长的烦恼

苗苗一直爱好音乐，爸爸妈妈虽然不同意苗苗以后以音乐为生，但拗不过儿子，还是答应了苗苗的要求，每周末要么去学钢琴，要么去学小提琴。但苗苗是个三分钟热度的孩子，兴趣来得快，也去得快，因此爸爸妈妈从没想过苗苗能学出什么名堂来。

一个周六的晚上，妈妈和爸爸一起去小提琴培训班接苗苗，回家的路上，苗苗说："爸妈，我想参加市里面的小提琴大赛，不过我们学校都没几个人敢报呢，你们说我可以报名吗？"

"平时出于兴趣去学一下，我们是不反对的，可是我看你还是别报名的好，肯定没戏……"苗苗爸爸给儿子泼了一头冷水。

"你可别这么说，谁说我们苗苗没戏了，我看苗苗很有音乐天赋。苗苗，你去报名，妈妈相信你一定可以的！"受到妈妈的鼓励后，苗苗顿时精神大振。

从那天后，苗苗把每天的空余时间都拿来练琴，小提琴拉得越来越好。果然，在市里的初中生小提琴大赛上，苗苗不负厚望，取得

> 了第二名的好成绩，因此，苗苗妈妈认为自己是最有眼光、最明智的妈妈。

心理分析

自信心是一种积极的心理品质，是人们开拓进取、向上奋进的动力，是一个人取得成功的重要心理素质。自信心在个人成长和事业成就中具有显著的作用。对于成长阶段的男孩来说，如果他缺乏自信心，常常表现出的是胆怯、遇事畏缩不前、害怕困难、不敢尝试，那么他的认知能力、动手能力、交往能力及运动能力等发展就相对缓慢；相反，男孩具有强烈的自信心，胆子大，什么事都敢尝试，积极参与各项活动，各方面发展就快。

男孩进入青春期后，生活、学习环境的改变，竞争压力的加大，很容易挫伤男孩学习、交际的积极性，让他失去信心。同时，来自家庭的因素也有很大影响，如男孩从小到大衣来伸手、饭来张口，久而久之，就什么也不会干。男孩不从小学习动手做事，他的自信心也会越来越小。

初中阶段是一个人个性、心理品质形成的重要时期，这个时期的男孩是否自信，也影响他在未来人生路上是否能勇敢面对各种挑战，决定了将来他们是否能成为充满自信、有坚强毅力和足够勇气的男人。因此，自信这种心理品质要从小就培养，在青春期更应该着重培养。言传不如身教，培养男孩的自信心，不是单纯的几句说辞，需要父母从生活中的点点滴滴入手。

专家建议

1. 发现男孩身上的闪光点

教育要严格，并不是说要将男孩批评得一无是处。我们最好从多方面、多层次了解和评价孩子，不能只盯着他的缺点。

对很多家长来说，似乎"孩子总是别人的好"，别人的儿子听话、懂事，自己的儿子总是"恨铁不成钢"，而对自己儿子的长处和优点则视而不见，充耳不闻。人们常常可以听到男孩的强烈抗议："我什么优点都没有吗？""为什么老批评我？"应该承认，每一个孩子都有优点，只是你没有注意。孩子为什么总是考不好，不是他不认真学习，可能是你一味地贬低他，让他失去了信心，如果你经常发现他的优点并加以赞赏，想必你的儿子一定会信心大增。

2. 让男孩从成功的喜悦中获得自信心

只要尝过成功的滋味，伴随而来的就是无比的喜悦以及对自己的坚定信心。所以先让男孩体验成功的喜悦，是使男孩建立信心最简易的方法。当他做成一件事后，你首先应该夸奖他，告诉他："你做得真棒！"适当的时候，你可以采取一些物质奖励的方式。而当男孩缺乏自信时，你可以告诉他："勇敢一点，爸妈为你骄傲！"当男孩体验到成功的美好后，也就不会畏首畏尾，而是大胆地去争取了。

3. 不对男孩用否定词、限制词、挑剔词

有的父母认为"棍棒之下出人才"。而事实上，那些很少受到父母表扬、总是被父母批评的男孩很容易对自己失去自信心，对自己力所能及的事都会产生退缩心理，从而慢慢地失去主动性，形成对任何事都漠不关心的态度。

作为父母，生活中，我们常常用否定词、限制词或者挑剔词来跟男孩说话。例如，"不许""不能""不要""不可以"等否定词，"应该""只能""必须"等限制词，最常用的"太差劲""太不像话了"等挑剔词。

否定词、限制词、挑剔词等不良的教育语言，会使男孩觉得很累、很烦、很郁闷，他们整天接受父母的负面暗示，最终也会变得自卑起来。

事实上，男孩天生是自信的，但一些男孩在接受后天教育时，很少成功、经常被父母批评等，以至于开始变得胆小、自卑、消极，这对于男孩的成长是极为不利的。因此，为人父母，我们有必要关注男孩在成长过程中的情绪变化，一定要避免让男孩产生自卑情绪。

总之，作为父母，我们要明白的是，一定要让男孩始终拥有积极正面的能量，应该赞扬和鼓励他，让男孩远离自卑，树立自信心，他才能快乐、健康地成长。

■ 独立自主，做有主见的男孩

家长的烦恼

小祥是个电脑迷，在很小的时候，他就对电脑感兴趣。到了初中，学校有了信息技术这门课，小祥可高兴了，平时一有时间，他就开始"钻研"电脑。但他的父母则明文规定，不许玩电脑，放学后必须做作业和练习题，这让小祥很不高兴。于是，放学后，他就尽量不回家，去同学家或网吧。不过说来也奇怪，小祥在这方面确实很有天赋，在那年市青少年科技创新大赛上，小祥居然获奖了，这让他的父母大吃一惊，并重新认识了孩子"玩电脑"这一情况。但小祥却不领情了，他用自己的奖金买了电脑，从此一放学就把自己关在房间里。有时候，父亲为了"讨好"他，主动向他请教电脑方面的知识，他也不理睬。

有一次，父亲听老师说小祥自己建了一个网站，便想看看儿子的成果。这天，他看见儿子的房门没关，电脑也开着，就打开看看，结果他却听到儿子在身后吼了一声："谁让你动我的东西？" 因为理亏，父亲也没说什么。不过，从那以后，小祥的房门上就多了一把锁。

心理分析

小祥为什么不愿意和父母分享自己的个人爱好与努力成果呢？很简单，因为父母曾经否定过他的爱好。面对孩子喜欢玩电脑这件事情，小祥父母的处理方式并不恰当，对于男孩对现代科技的爱好和探索，家长应予以正确的鼓励和引导，不能以一成不变、简单粗暴的方式来约束他，应该突破传统教育的固定模式，家庭教育也需要与时俱进。

可能很多父母都会认为，儿子只要听话、让自己省心就好，然而，这样的男孩只能生活在父母的臂弯里，没有主见，更不能自立。男孩必须自立自强，因为社会赋予男人更多的责任，他们面临着更大的困难，需要不懈地自我奋斗，可以说，成功男人的成长和成熟是一个不断挑战自我、艰苦奋斗的过程。诚然，男孩的听话让父母安心，这样的孩子在小时候可以避免许多不必要的危险和麻烦。男孩的听话也让父母欣慰，因为听话的孩子肯定不笨，理解力强，善解人意。然而，这是一个强调创新的年代，作为男孩，如果习惯于言听计从，那么，在未来社会他就很可能迷失自己，因为当找不到那个权威的发话人时，他就不知道该听谁的。

专家建议

具体来说，我们需要做到以下几点。

1.给男孩表达意愿的机会

相当一部分家长害怕男孩走了错路，习惯于事事为男孩做决定，少有征求男孩意见的时候，一旦男孩不遵从，就大加责备。其实家长在任何时候都要注意让男孩充分表达自己的意愿，给他表达自主思想的机会。

事实上，相对于乖巧的女孩来说，男孩更调皮一些，尤其在成长期，他们总是做出一些让父母意外的事情，其实这正是男孩在探索世界。作为父母的我们，要学会引导他们的想法，而不是一味地压制和制订规则，如果你总是告诉他不许这个、不许那个，那么，男孩很有可能什么都不敢尝试。

2.不要总是命令男孩

很多家长在要求儿子做事时，往往喜欢使用命令句式，如"就这样做吧""你该去干××了"。而这种语气会让男孩觉得家长是说一不二的，自己是在被强迫着做事，即使做了心里也不高兴。

家长不妨将命令式语气改为启发式语气，如"这件事怎样做更好呢""你是否该去干××了"。这种表达方式会让男孩感觉到家长对自己的尊重，从而引导男孩独立思考，按自己的意志主动处理好事情。

3.尊重男孩的爱好，鼓励他做自己喜欢做的事

男孩调皮，喜欢做做这个、试试那个，家长便会担心孩子无心学习，或者染上什么不良的习惯、接触社会不良风气等。有时候，我们越是干预，越是阻止，男孩越是会义无反顾地去做。其实，我们应该做的，首先就是相信他，你要告诉他："无论你选择什么，爸爸或者妈妈都相信你，但是你也要做出让爸爸妈妈相信你的事情，在保证学习不受影响的情况下，爸爸妈妈允许你做自己喜欢的事。"

4.让男孩随时随地自主选择

家长对男孩自主选择的尊重，可以随时随地体现在最简单的日常生活中。

（1）吃得自主。当男孩能力所及时，在不影响他饮食均衡的情况下，家长可以让男孩自己选择吃什么。如在吃饭后水果时，家长不必强迫男孩今天吃

苹果，明天吃香蕉，让男孩自己挑选。

（2）穿得自主。家长带男孩外出玩耍时，在保证安全、健康的前提下，可以让他自己决定穿什么衣服，切忌随自己喜好而不顾他的感受。

（3）玩得自主。不少男孩在玩游戏时，并不想让成人教他们游戏规则，更愿意自己决定游戏的方式，并体验其中的乐趣。家长可让男孩自己选择玩具和玩的方法，这样做可以极大满足他的自主意识，帮助他成为一个有主见的人。

当然，不给男孩制定太多的规则，不代表没有规则。具体事情要具体对待，可根据他出现的问题临时性地制定规则，但一定要征求他的意见，请他参与到规则制定中来。

■ 正确提高孩子的专注力

> **家长的烦恼**
>
> 小波是某中学的理科状元，中考后，市里的记者来采访他。
>
> 在校办公室，班主任严老师很开心，她说："小波能够取得这样的好成绩与他的踏实认真有很大的关系。"
>
> 严老师说："小波是个非常明事理的孩子。在他人眼里，小波的爱好很少，因为他专注于学习，所以能够取得好成绩。此外，小波在生活上也非常自立，而且非常懂得关心周围的人。"
>
> "好学生也会有问题，如小波喜欢看书，他的思想有时候显得要比其他孩子成熟，但有时候与人相处时他会表现得居高临下。我注意到这个细节后便找他谈心，后来，小波成了班里很多同学的好伙伴。"严老师说。
>
> 后来，小波的父母也被请到了校办公室，"小波好静，他很专注于做一件事，这次他考出好成绩，我为他高兴。"小波的妈妈说。

心理分析

小波之所以能取得好成绩，其中一个重要的原因就是专注。托马斯·爱迪生曾说过："成功中天分所占的比例不过只有1％，剩下的99％都是勤奋和汗水。"对于青春期的男孩来说，在未来社会，他们只有专心致志于一行一业，不腻烦、不焦躁，埋头苦干，不屈服于任何困难，坚持不懈才能造就优秀的人格，而专注这种品格必须从小培养，从日常的生活和学习中培养。

作为男孩的父母，我们也应该深知，专注是一种良好的助人成功的品质，从现在开始培养男孩的这种品质，他才能在人生路上收获成功。

对于青春期的男孩来说，他们最主要的任务是学习，而学习并不是一件轻松的事，浮躁心态是学习的大敌，是学习失败者的亲密朋友。因此，在学习上，要想提高他们的成绩，父母就必须训练他们专注的学习习惯。

专家建议

具体来说，我们可以这样做：

1.为男孩树立一个行为榜样

例如，我国历史上杰出的书法家王羲之就是个学习专注的人。王羲之小的时候，练字十分刻苦。据说他练字用坏的毛笔堆在一起都成了一座小山，人们叫它"笔山"。他家的旁边有一个小水池，他常在水池里洗毛笔、冲砚台，后来小水池里的水都变黑了，被人们叫作"墨池"。

长大以后，王羲之的字写得相当好了，但他还是坚持每天练习。有一天，他聚精会神地在书房练字，连吃饭都忘了。丫鬟送来他最爱吃的蒜泥和馍馍，催着他吃，他好像没有听见一样，还是埋头写字。丫鬟没办法，就去告诉王羲之的夫人。夫人和丫鬟来到书房的时候，看见王羲之正拿着一个蘸满墨汁的馍馍往嘴里送，弄得满嘴乌黑，她们忍不住笑出了声。原来，王羲之边吃边看着字，错把墨汁当成蒜泥蘸了。

夫人心疼地对王羲之说："你要保重身体呀！字已经写得不错了，为了苦练把身体弄坏就不值得了。"

王羲之抬起头，回答说："我的字说是不错，但那都是学习前人的写法。我要有自己的写法，自成一家，不苦练是不会成功的。"

经过艰苦摸索，王羲之写出了一种流利的新字体。大家称赞他写的字像彩云那样轻松自如，像飞龙一样雄健有力。

王羲之是个做事专注的人，他的故事告诉我们，学习是一件容不得半点马虎的事，要想学有所成，就必须做到专注。

2.协助男孩学会拟订做事计划

无论学习还是其他事情，都不要把注意力过分放在整件事情上，而应该先拟订一个切实可行的计划，并努力做好第一步，而后再努力做好第二步、第三步……如此各个击破，最终达到自己的目标。

3.告诉男孩不要同时做两件或两件以上的事

可能你也发现，你的儿子无论是不是在学习，都把电视开着，或者边看手机边学习。这样自然不能集中精力去学习，久而久之，男孩便养成了一心二用的坏习惯。

为此，你必须帮他克服这一缺点，做习题时就专心做习题，玩游戏时就痛快玩游戏。经过一段时间，你会发现，他无论做什么事都专注多了，而且最重要的是，效率也提高了很多。

总之，专注、认真是任何人想要做好一件事情的前提，如果对什么事情都敷衍了事，草草出兵，草草收兵，必然做不好。然而要养成专注于学习的习惯，还需要身为父母的我们帮助男孩在平日里培养。

培养男孩吃苦耐劳的品质

> **家长的烦恼**
>
> 父母在事业上很成功，是首屈一指的大富豪，但在子女的教育上，他却一直很严格，从不娇惯孩子。
>
> 正因为父亲严格的教育，和和从很小就很节俭。读书期间，他每天都乘坐公交车往返于家和学校之间，从不会因为自己是富豪的儿子而觉得高人一等。
>
> 毕业以后，所有人都以为他会接手父亲的生意，但他却接受了父亲的安排，进入其他公司做了一个普通的职员。
>
> 父亲告诉和和："和和，我不怀疑你是个有理想的人，但我担心你的刻苦精神不够，你不要想到自己有依靠，你必须自己主动去找苦吃，磨炼自己的意志，接受生活对你的种种挑战并战胜它。"
>
> 和和听从了父亲的话，他认认真真、勤勤恳恳，不仅了解了先进的管理经验，还学会了怎么与人打交道，也培养了吃苦耐劳的精神，为今后的事业打下了坚实的基础。

心理分析

现实生活中，一些男孩不愿吃苦，是和他们的生活环境与家庭教育有关系的。作为父母，要想让男孩从吃苦耐劳的过程中有所收获，就应该将这一教育融入日常生活中。

吃苦耐劳是中华民族的传统美德，但如今物质生活水平提高，人们的经济条件改善，还要不要发扬这种美德？生活实践表明，这种美德在今天仍然需要发扬光大。没有一点吃苦耐劳的精神，干不成任何事情。不仅成年人需要这种精神，青春期的男孩更需要。人生道路是曲折的，每实现一个目标，都需要努力奋斗，要奋斗就需要有一种勇于吃苦的精神。

自古至今，男孩都承担着社会责任、家庭责任，随着社会的发展，他们身上的压力也越来越大。观古今历史，我们不难发现，不经历成长的艰辛，蜜罐里长大的男孩会有很多缺点，如自私、虚荣、嫉妒、盲目、软弱等，这样会导致男孩在面对社会的残酷竞争、理想与现实、诱惑与机遇时，很容易一个不小心失掉了平衡。

专家建议

要培养青春期男孩吃苦耐劳的个性，父母需要从以下几个方面努力。

1.从转变观念入手，培养男孩吃苦耐劳的品格

从人的成长规律看，青春期是人生的基础阶段，能在青春期有一些吃苦的经历，将会对人生产生积极作用。因为任何人的一生，都不可能事事顺心，总会遇到一些这样那样的挫折，现阶段吃点苦，有助于磨炼男孩的意志、增

强男孩的生存本领，因而可以说，吃吃苦，是为了让男孩的未来人生之路走得更平稳，是为了让他即使处于风雨之中也能勇敢地前进！

因此，我们必须转变观念，必须认识到吃苦耐劳对于青春期男孩的重要性，只有这样，才能真正把这一教育融入日常生活中。

2.男孩自己的事，家长不要包办

青春期的男孩应该学会自立，自立是独立的第一步。然而，有的父母为了绝对安全，不让儿子走出家门，也不让他和同龄人走在一起，生怕有什么危险，到了一定的年龄还接送其上学。这样的男孩会变得胆小无能，形成严重的性格缺陷，丧失自信，欺软怕硬，在家里横行霸道，到外面胆小如鼠。

真正爱男孩，是要让他独立，接受一定苦难的洗礼，才能独当一面，成为一个真正的男子汉。要做到这一点，我们首先要改变的就是改掉替男孩包办一切的坏习惯，让男孩自己动手，学会独立。

3.家长不妨给男孩点"苦"吃

父母爱孩子，要爱在心里，而不是表现在物质生活上，爱孩子，该狠还是要狠一点。要舍得让孩子吃一点苦头，而不要对孩子的要求全部给予满足。一味地溺爱，以孩子为中心，是不利于孩子的身心健康的。

当然，让男孩吃苦并不是让他"受虐"，不需要刻意地让男孩受苦，因为吃苦是为了锻炼心理承受力。人在艰苦的环境中，战胜的不是环境，而是自己。"逼"男孩去吃苦，他的忍耐力就会降到最低点，不仅不能磨炼他的意志，还会让男孩产生受挫意识。

7

养成男子汉，引导男孩塑造正确的价值观

　　不少父母认为，儿子考上重点大学，将来才会有出息。我们也常常这样教育青春期的男孩，希望男孩能抓紧青春期的时间努力学习。但实际上，比分数更重要的是价值观，任何一个男孩，只有做到正直、善良、有担当、有理想，才能成为一个真正的男子汉，而这些，都需要我们对男孩进行价值观引导。因为青春期正处在人生的岔路口，男孩最终会长成什么样的人，与父母的引导息息相关。

■ 分析孩子偷窃的心理动机

家长的烦恼

孙先生有一段时间很头疼，因为儿子小志几次的偷盗行为终于惊动了公安局。这天，孙先生不得不和班主任一起来到公安局。

孙先生家境不错，儿子为什么还会偷盗呢？事情是这样的：

有一次，小志到好朋友方伟家去玩，发现方伟家有一架很逼真的玩具望远镜。小志想知道这架望远镜究竟能看多远，就向方伟请求借来玩玩，没想到方伟很小气，不答应。小志很生气，就想故意偷走这架望远镜，好让方伟着着急。果然，找不到望远镜的方伟像热锅上的蚂蚁，小志这下子得意了。

从那次之后，小志就产生了一种很奇怪的心理，他觉得别人拥有的东西，只要稍稍想点办法就能得到，这样的感觉很好。

孙先生听到儿子的阐述后，给了儿子一巴掌，谁知道儿子哭着反驳道："偷点东西怎么了？"听到儿子这样反问自己，孙先生愣住了。他想，一直以来，可能是自己只顾着让儿子努力学习，而忽视了对他的道德教育。

心理分析

像案例中小志这样的青少年并不多，却很有代表性。我们都知道，现代社会，很多男孩都是独生子，生活条件优越，倍受长辈宠爱，都是以自我为中心，很少会为别人考虑，他们的各种要求也总是会被父母满足，久而久之，对于他人拥有而自己没有拥有的东西，他们便会产生强占的想法，而这就是为什么青少年偷盗行为逐渐增多。因此，父母一定要让儿子明白尊重别人所有权的重要性，天下没有不劳而获的东西，千万别成为一个自私自利的人。

另外，我们在对男孩进行此方面的教育时，同样要注意方式方法，不能一味地训斥和责备他，这样做只会伤害他的自尊心，甚至激发出他的对抗或报复心理，让他的偷盗行为愈演愈烈，或者是失去自信心。正确的教育方法是针对事情，而非人的本身。明智的教育既能使男孩改正自己的不良行为，又能使其树立正确的道德观，保持良好的心态，增加对别人的关切之情。

专家建议

1. 平时就要引导男孩认识到道德品质对于一个人的重要性

这一教育活动必须在男孩小时候就进行，而不是在男孩成年后才进行。我们要让男孩明白，我们都是社会的一分子，都应约束自己的行为，不给他人造成伤害。唯有如此，我们每个社会成员才可以享受平等、幸福的生活。当然，父母必须以身作则，在生活中就要行得正、坐得端，绝不能有小偷小摸的行为，否则男孩便会有样学样。

2.男孩有偷盗行为后,我们要冷静面对,找到最佳沟通方法

例如,如果发现男孩拿了别人的东西或者将其他人的东西带回家,我们要冷静下来,不可打骂男孩,也不要用"偷"这样的字眼,因为这会给男孩的心灵造成阴影,要问清楚男孩为什么将别人的或者公共的东西带回家。

实际上,很多青春期的男孩,他们偷窃并没有明显的目的,有时是为了占有,有时是好奇心驱使他们这样做,有时纯粹是为了给别人造成困难而获得快感,如盗窃经济价值不大的物品,有的只是把窃得的东西扔掉、损毁或随便送人,这些行为让很多父母很是头疼。但总的来说,青春期的男孩有这种行为,是因为他们并不清楚这种行为的卑劣之处,因此,家长要注意在这个方面进行正确的引导和教育。

接下来,我们要告诉他,偷盗行为是不对的,孩子需要什么,应该告诉爸爸妈妈,只要是合理的要求,爸爸妈妈都会满足,这样孩子以后肯定不会再犯类似的错误了。

3.合理地控制男孩的零花钱

定期给孩子一定数量的零花钱,数量不必太多,满足孩子日常的基本需要即可,而且不能无原则地给,要让孩子完成一定的任务才能给,这样孩子也可以体会到钱来之不易,会比较珍惜,不会乱花钱。

4.引导男孩认识到偷东西这一行为是错误的

男孩偷了别人的东西,要让他还回去,并且让他知道别人的东西不能随便拿,要承认自己的错误,向别人道歉。让男孩在成长过程中学会担当,会有效地杜绝男孩以后犯类似的错误。

5.引导男孩学会关心他人,尊重别人的所有权

我们可以告诉男孩,自己喜欢的、引以为豪的东西,可以请朋友参观,可

以借给朋友玩，快乐就应该分享；而对于别人的东西，你不能据为己有，这些行为是错的，绝对不能这样做。要让男孩学会控制自己的行动，并懂得为什么要这样做。

如果你渴望得到某种东西，可以向朋友借，但你需要记住，使用后如期如数归还并道谢。当然，有些东西也可以通过购买获得，但无论何种方式，都必须是正当的。

总之，对于青春期男孩的偷盗行为，父母不要给予强硬的惩罚，而要让男孩明白只有自己的东西才可以随意使用，不是自己的东西就没有所有权，通过对其进行道德规范教育，男孩是能逐渐改正这一坏习惯的。

■ 让男孩成为一个有爱心的人

家长的烦恼

沫沫刚上初中，周末一大早，妈妈就和沫沫一起出门跑步，在过小区外面马路的时候，沫沫和妈妈看见一个老爷爷颤颤巍巍地拄着拐杖，好像也要过马路的样子。妈妈说："沫沫，你去扶一下老爷爷吧。"

"我才不去呢，你看他那么脏。而且马路上这么多人，会有人帮忙的……"沫沫很不情愿地说。

"你这孩子，怎么会有这种想法呢？助人为乐是中华民族的传统美德，而且帮助一个年迈的老爷爷更是理所应当，这也关系到一个人的品德问题。"沫沫被妈妈说了一通后，有点不好意思了，赶紧跑过去把老爷爷扶过了马路。

妈妈开始反思，看来平时只顾着关心沫沫的学习而忽视对他思想品质上的教育了。

心理分析

通过一个人的言行，可以对他的思想道德和价值取向做出基本的评价与判别，我们的一言一行在某种程度上体现了自身的文化素养和道德水平。然而，我们却发现，一些男孩到了十几岁以后，本应该变得懂事，实际上却变得自私、冷漠，就和沫沫一样，面对过马路的老爷爷，他表现出漠不关心。青春期是一个人的世界观、人生观形成的关键时期，也是个性品质形成的重要时期，待人热忱的男孩才是受人欢迎的男孩。

与自私、冷漠相对应的是爱心。何谓爱心？爱心，是热情开朗的性格和对人、对物、对事一贯关心的态度。爱心，就是能觉察体验别人的心情，能站在别人的位置与角度，感受别人的欢乐、痛苦、烦恼、失望之心。

有爱心是一种美好的品质，因此，作为父母，要维护男孩纯洁的爱心、善心、良心，那是一个人堂堂正正立足社会的根本。

专家建议

1. 让男孩学着去热爱生活

一个热爱生活的男孩才会真正地快乐，才会有高尚的品格。对此，作为父母，我们要放开手脚，让男孩自己寻找生活的乐趣，做他想做的事情，尽情享受人生的一切，并让男孩在与父母的交往中获得快乐。

2. 让男孩学会关心他人

我们教育男孩有爱心，就要教导男孩从关心周围的人开始。一个人，只有先学会关心自己最亲近的人，才可能爱其他人，才可能真正地去"博爱"。我们可以引导男孩主动帮助左邻右舍干些力所能及的事，或在家长生日时，暗示男孩表达对父母的爱。而当男孩付出行动后，要以微笑的表情、赞扬的语气及时地给予表扬，这能使他产生一种关爱他人后愉快的心理体验，并会产生不断进取的强烈愿望，以致逐步形成把关爱他人当作乐趣的相对稳定的健康心理。

3.让男孩学会感恩他人

一个懂得感恩的男孩才是真正有爱心、热忱的人，当然，培养男孩感恩的心，我们需要从日常生活着手，如让男孩独立起来。要知道，处于青春期的男孩已经有了一定的行为能力，生活中的很多事他已经可以自己做了，如自己的衣服自己洗、自己的被子自己叠、自己收拾书包和房间等。另外，还可以让男孩帮父母做一些家务，如放学回家后，爸妈还没下班，男孩可以先煮好饭；周末，男孩也可以抽出半天时间帮爸妈进行大扫除……这虽然都是一些小事，却是感恩的具体行动。

青春期是人的人格砥砺和品质形成时期，这个阶段的每一个男孩都要学会付出爱，父母也要着力培养男孩的爱心，并落实在平时的点滴行动中！只有这样，才能培养出男孩友爱、待人热忱的个性，他才能收获美好的未来。

■ 培养孩子诚信考试的意识

家长的烦恼

小平是个学习态度较好的男孩,但有时候也会犯糊涂。

有一天,当同学们来喊他出去玩的时候,他却躲在家里抄课文,同学们问他怎么了,他说这是在惩罚自己,让自己记住教训。好不容易,他被同学们劝出去了,可没一会儿又回来了。他主动对爸爸说:"昨天下课的时候,老师让我们回家默写第一课的第五自然段,我想:默写多麻烦啊!老师又看不到,抄吧!说抄就抄,不一会儿,我就抄完了,等着吃饭,然后我就出去玩了。我昨天还打了一个多小时的球呢。可是今天早上,老师不但检查作业,而且还要背诵课文。这下完了。当背课文时,我就像霜打的茄子一样,垂下了头。当时,我特别后悔。这下子,我明白了:不仅是学习,无论做什么事,都不要耍小聪明,投机取巧,要不然自己会吃亏。"

"你能明白就好,青春期学习的任何知识都将受用一辈子,马虎不得,更别说耍小聪明了。"爸爸语重心长地说。

"我知道了,下次再也不会了。"

心理分析

和小平一样,很多青春期男孩都会犯这样的错,在学习上吃了心浮气躁的亏。

青春期是一个比较追求速度和完美的年龄,但在真正做时却把完美给忘记了,只剩下速度,于是连走路都像飞一样,还没踩实,另一只脚就抬了起来。一次可以,两次可以,多次就难免会摔跟头。唯有脚踏实地地走,才不会摔倒。"飞"一样的人一次两次三次的摔倒后,就会发现"脚踏实地"的人已经比自己快了,走到自己前面了。

课堂上,老师也教育男孩:"学过的知识好比一个脚印,想记牢就再踏上一只脚,踩实了。"其实意思十分简单,要脚踏实地地学习,不可以耍小聪明。说一句脚踏实地的话很简单,但做起来却很难。在开始时,有多少男孩信誓旦旦地承诺自己要脚踏实地地走好每一步,可真正走起来,就忘了承诺。很多人羡慕别人的速度,其实光有速度不行,要有成果才行。学习与走路是一样的,人生之路要一步一个脚印地走。自己的路自己走,踩实了踩轻了都是自己的,有时一步没走好可能让你悔恨终生。

面对作弊这个问题,相信不少父母会发现,男孩会振振有词地回答:"不抄白不抄,别人都抄出了好成绩,我不抄不是亏了?""考不出好成绩,您能给我买新书包吗?"面对男孩这样的态度,很多父母感叹,我该怎么教育呢?

专家建议

1.培养男孩诚实的品质,让男孩认识到考试作弊是一种自欺欺人的不良行为

男孩这一品质需要父母在他很小的时候就有意识地培养,这样,男孩就会

形成一种意识：考试作弊是一种自欺欺人的不良行为，即便偶尔瞒过了老师，但天长日久，迟早会露出马脚，最终会害了自己。

当然，生活中，我们要以身作则，做人诚实守信、不撒谎、不欺骗，做好男孩的榜样。

2.教育男孩正确看待分数

现代社会，几乎都是一个家庭一个孩子，要什么给什么，对男孩的照顾更是无微不至，尤其是那些懂事的男孩，很想考个好成绩来报答父母。但父母一定要让男孩明白：学生在意分数理所当然，毕竟这是学习效果的一个重要体现，却不是唯一的体现。如果考试成绩较好，自然值得高兴，但如果平时没学好，也绝不能作弊。

3.给男孩适当的奖励

把成绩和奖励挂钩，有时确实能激发男孩好好学习的动力，但这一奖励绝对不能过度，因为过分地以物质、金钱来刺激孩子，难免会将男孩的学习目的引入误区，使男孩为了物质奖励而学习。一旦成绩上不去，就会想到作弊。因为诱人的物质奖励常常是男孩难以抗拒的。

4.告诫男孩在平时做好积累和复习

有句话说："平时不努力，临时抱佛脚。"很多男孩一面对考试就紧张兮兮，担心考不好，临考前仍然"开夜车""搞题海战术"等，如此不但可能导致大脑负荷过重，还可能使男孩"急中生智"，产生抄袭的念头。

为此，我们一定要告诉男孩，考试一定要诚实，只要做好积累和复习，考出好成绩不难。男孩做好积累，才能在考前心安理得地合理安排学习和休息，不对自己求全责备。这样，既会学习，又会享受娱乐，有张有弛，对保持身心的平衡是很有好处的。

而复习是考前准备的重要部分，也属于平时积累不可小觑的环节。考前复习，可以根据考试大纲的要求进行全面细致的复习，不要过多地抠偏题、难题。要注意知识之间的联系，避免孤立地强记硬背。复习充分全面，就会增强自信，减轻焦虑心理。

总之，我们要告诉男孩，青春期只有一次，人生不可以重来，学习的机会也只有一次。有人大喊"论成败，人生豪迈，大不了重头再来"，可是真的可以重头再来吗？世界上没有后悔药，重头再来也会浪费时间。何不从一开始就选择脚踏实地利用好时间学习呢？

■ 青春期的男孩容易变坏

家长的烦恼

陈心是个很懂事、很善良、很正直的男孩，而他善良的性格是从很小的时候就开始教育的。爸爸常常给陈心讲故事、讲历史。陈心至今仍保存着两块珍爱的徽章，一块上面写着"博爱"，一块上面写着"天下为公"，他常常将它们别在胸前，那是小时候爸爸送给他的，爸爸希望他长大成为一个爱自己的国家、爱自己的民族、有社会责任感的人。他告诉陈心，人不能光为自己活着，要像孙中山先生等仁人志士一样，以天下为己任。

上中学后的陈心，在学校里是出了名的正直，只要看见高年级同学欺负那些低年级同学，他都会主动站出来。他记得最清楚的一件事是，有一天晚上，他从老师那儿补课回来，看到有几个小混混在后巷打人，虽然很害怕，但他还是勇敢地报了警，当警察把这些小混混抓起来后，他觉得很光荣。因为这件事，陈心还被校长表扬了。自打这件事后，陈心决定，以后一定要做个正直的人，要敢于指出一些不公义的事。

心理分析

的确，正直、善良、忠诚的人是高贵的，丢弃了这一品格的人是可悲的。做人有品格，这是比金钱、权势更有价值的东西，也是成功的最可靠资本。

自古以来，中国人就把生活中的人大致分为两类，一类是君子，一类是小人，并常常用"君子坦荡荡，小人长戚戚"来形容二者。那到底什么是君子、什么是小人呢？关于他们的划分标准有很多，其中，是否正直、坦荡则是重要的衡量标准之一。

相信任何父母都希望自己的儿子能成为一个人人敬佩的君子，但我们也听到一些家长反映：儿子进入青春期后，好像学坏了，尤其是在接触一些社会青年后，开始怀疑家长的教育观念。该怎么办呢？对此，父母一定要进行引导，青春期正是男孩个性与品质的形成期，男孩学坏，如果我们听之任之，很可能会让男孩因为疏于管教而误入歧途，让其后悔终生。

专家建议

引导青春期的男孩成为一个正直坦荡的君子，家长要做到以下两点。

1.让男孩树立正确的是非观念

可能有一些男孩会产生疑问，我才十几岁，现在的主要任务是学习，其他事应该充耳不闻。其实不然，我们每个人都应该在心里树立一杆秤，对是非黑白，一定要有辨别能力，这是任何一个社会人都应该有的意识，男孩也不例外。

因此，尽管现阶段的男孩还是个孩子，但也应该学会辨别是非。我们要告诉男孩，当你发现有人违背原则，应及时制止，把责任心传递给周围的人。

2.从培养好习惯开始帮助男孩积累正确的做事原则

可能有些男孩会说，随着年纪的增长、经历的增多，谁能真正做到不染世俗、一身正气？对此，我们要告诉男孩，这二者并不冲突。我们要从现在开始就养成良好的行为习惯，如守纪、守信、守法，坚决不骂人、打人、偷东西、毁坏公物、随地大小便、乱扔垃圾、在墙壁上乱画乱抹、霸道、自私等。不要小看这些习惯，日积月累，当男孩长大后，就会形成一套自己的做事原则，即使他们饱经世事，也不会因此变得圆滑、世俗，而是依旧秉持着正直坦荡的做人原则。

总之，男孩在少年时就一定要赶快积累知识，但同样也要注重德行的修养。父母要着力培养男孩明辨是非的能力，一个能明辨是非的男孩就绝不会是一个自私、狭隘的人，这样的男孩才不会活在自己的小世界里，才会立志为国家和社会做贡献，长大后才会有出息。总之，这种品质的获得将会对男孩的一生都大有益处！

■ 让孩子找到学习的正确动机

家长的烦恼

这是一个初中男孩的日记："我出生在一个十分幸福的家庭，爸爸妈妈十分疼爱我，但是我不快乐。从小就是妈妈管我学习，爸爸在外面挣钱。每次我除了做完老师布置的习题，还要完成妈妈布置的额外任务。记得有一次，妈妈对我说做完20道题就可以出去玩儿，然后她就去做饭了，为了投机取巧，我把前后几道应用题做完就说自己做完了，我想，妈妈是不会发现的，然后我就出去玩了，天黑的时候我才依依不舍地回家。

"一到家，我就觉得什么地方不对，只见妈妈沉着脸叫我进屋，问我：'题都做完了吗？'我心虚地说：'做完了。'妈妈生气了，问：'真的吗？'我不敢说话，沉默地站着。妈妈更生气了，说：'你为什么要撒谎？你以为你学习是为了谁？'我还是不说话。只见妈妈一下子冲到桌子前面，呼啦一下把我桌子上的笔、本子和书全都扫到地上，然后气呼呼地转身走了。

"我吓坏了，尽管妈妈平时对我比较严厉，但是从来没有发过这么大的火，就算是她打了我，我也没有这么害怕过，因为每次妈妈打完我总是会过来哄哄我的。我一个人呆呆地站在那里，不敢动也不敢说话，心想：要是以后妈妈再也不管我学习了可怎么办？屋子里渐渐暗下来，妈妈没有来，也没有别人来叫我去吃饭。

"就这样不知道过了多久，我收拾好散落一地的书、本子和笔，鼓足勇气走到妈妈面前，对妈妈说：'妈妈，我错了，我不该骗您，以后我不这样了。'妈妈当然马上就原谅了我。

"虽然那次妈妈没有打我，但是真的把我吓坏了，从那以后，我再也没有骗过妈妈。但是，学习究竟是为了谁呢？"

心理分析

作为家长，看完这个故事，你是否有所感触？可能你的儿子也会像案例中的男孩一样，以为努力学习是为了父母的面子、老师的名声。如果男孩这样认为，他肯定会觉得读书、学习是一种负担，没有了学习动力，又怎么能学得好呢？

不得不说，很多男孩都对人生感到迷茫，不明白自己为谁读书，为谁学习，更多的则认为是为父母学习，为了给父母争面子。而这直接导致了他们对待学习和生活冷漠的态度，没有热情，对什么都没有兴趣，觉得整个世界都是没有意义的，无精打采，对什么都不在乎。

作为父母，如果你的儿子也是这样的状态，那么就有必要对其进行引导，以帮助儿子树立正确的心态。

专家建议

1.引导男孩思考：努力学习到底是为了谁

哈佛大学前任校长劳伦斯·萨默斯曾经在课堂上建议每个哈佛学生每天都问自己一个问题："我为什么要学习？"

表面上看，这是一个很简单的问题，实则非常重要，因为一个人，只有具备良好的学习动机，才有强烈的学习欲望。相反，如果一个人没有良好的学习动机，不明白做事的目的，就很难产生强大的内驱力。

确实，如果男孩们不明白自己学习的动机，不明白读书的目的，就会把学习当成负担，把读书当成任务。

所以，父母也可以这样向男孩提问，努力学习到底是为了谁？你还可以继续追问："有时候，父母是会逼你学习，会剥夺你玩耍的时间，会让你觉得不近人情，但你是否真的知道自己是为了谁而读书呢？"

"其实，你要明白，读书是为了自己。年幼的时候，可能你不懂得为什么父母要你好好读书，但随着年龄的增长，你就能感受到读书的重要性。知识改变命运，没有知识的人在未来只会被社会淘汰，读书是为了获取知识，让未来的人生路走得更平坦。"

当男孩考虑清楚这个问题，明白自己为什么读书、为谁读书，相信他也能重拾学习的动力！

2.父母以过来人的经验告诉男孩努力学习的重要性

我们可以从自己曾经的读书经历来引发男孩思考这个问题，如读书时的辛苦和学成后的喜悦，或者因知识存储不够给现在生活带来的不便等，从而让男孩明白，在这样一个竞争十分激烈的社会中，每个人都在用知识为自己的未来打拼，没有知识，就等于没有生存的本领。寒窗苦读的过程的确很辛苦，但这是一个人立于世的必经过程。

总之，我们只有让青春期的男孩明白读书是为了他自己，只有帮助他摆正这一心态，才能激发他的学习动力，这样即使他在学习的过程中遇到了很大的压力，他也可以选择适当的方式发泄一下，进而调整自己的状态继续努力！

8

培养好心态，帮助男孩确立积极的人生观

　　生活中，像诚实、善良、仁爱和奉献这样的观念对于青春期的男孩而言是模糊且难以掌握的，特别是他们可能会从学校的同学、朋友以及网络那里得到相矛盾、抵触的信息。而此时，就需要我们对男孩积极地引导。当然，这不只是靠说的，而是需要我们在日常生活中对男孩言传身教，并持之以恒，长此以往，你会培养出一个出色的男孩！

培养男孩的自主意识

家长的烦恼

小轩已经12岁了，但初一的他还十分依赖父母，什么都习惯问父母，希望父母给他拿主意，甚至是吃什么、穿什么这些小事。小轩的妈妈是个有心人，她决定在生活中逐渐纠正儿子的这一心态。

这天，小轩做完作业，准备看电视时，妈妈把小轩叫到身边，对他说："儿子，妈妈知道你们学语文课文经常要写中心思想，妈妈今天看到一个故事，你帮我总结一下吧。"

"什么故事？"

"曾经有一个叫魏特利的人，他的朋友特别多，他经历过这样一件事：一天，有个朋友和他约好，就在周日早上，他们一起去钓鱼，魏特利很高兴，因为他还不会钓鱼。因此，头天晚上，他先收拾好所有装备，如网球鞋、鱼竿等，并且因为太兴奋，他居然穿着自己刚买的网球鞋就上床了。

"第二天一大早他就起床了，把自己的东西都准备好，还时不时地朝窗外看，看看他的朋友有没有开车来接他，但令人沮丧的是，他的朋友完全把这件事忘记了。

"魏特利这时并没有爬回床生闷气或是懊恼不已，相反，他意识到这可能就是他一生中学会自立自主的关键时刻。

"于是，他花掉了他所有的积蓄，买了一艘心仪已久的橡胶救生艇。中午的时候，他将自己的橡胶救生艇充上气，顶在头上，里面放着钓鱼用具，活像个原始狩猎人。

"随后，魏特利来到了河边，他摇着桨，滑入水中，假装自己在启动一艘豪华大油轮。那天，他钓到了一些鱼，又享用了带去的三明治，用军用壶喝了一些果汁。

"后来，回忆起这次的经历，他说，那是他一生中最美妙的日子，是生命中的一大高潮。朋友的失约教育了他，凡事要自己去做。"

"妈妈，我明白您讲这个故事的用意了，我会努力改正的，以后不能什么都让你们替我做决定，不过，请您给我时间，好吗？"

心理分析

生活中最大的危险不在于别人，而在于自身。不在于自己没有想法，而在于总是依赖别人。

反过来，依赖足以抹杀一个人意欲前进的雄心和勇气，阻止自己用自己的努力去换取成功的快乐。依赖会让自己日复一日地停滞不前，以致一生碌碌无为。过度依赖，会使自己丧失独立的权利，它是给自己未来挖下的失败陷阱。

每一个男孩早晚都要脱离父母走向社会，因此，父母有必要培养男孩的自主意识，要让他明白，一个男人，可以平凡，但不能平庸。

专家建议

1.对男孩多加鼓励

生活中，许多男孩常常说"我不行"。这种意识有两个来源：一是源于自我，叫作自我意识；二是源于他人，叫作外来意识。有些家长总觉得自己的儿子不行。要是老对男孩说"你不行"，慢慢地，男孩就会把自己定位成一个弱者，觉得自己真的什么都不行了。"我不行"在男孩的头脑中一旦扎下了根，他就会变得对做任何事都没有信心，会觉得离开了父母和老师寸步难行。

因为，"我不行"是一种负面信息，是缺乏自信心的表现。总用这种信息来暗示自己，一种"我不行"的形象就被不知不觉地塑造出来了。

而"我能行"是一种正向信息，是成功者必备的心理素质。总用正向信息来调控自己，一种"我能行"的形象就被不知不觉地塑造出来了。

2.告诉男孩学会表达自己的需要

你要告诉男孩："对于内心的想法，要学会告诉家长、老师，与他人进行沟通。"

3.尊重男孩的意愿

父母应尊重儿子，把他当作家庭中平等的一员来对待，要尊重他在家庭中的地位，涉及儿子的任何事情，都应尊重或听取儿子的意见。要尊重孩子的见解，甚至当你不同意时，也要以商量的口吻表示对他的尊重。如对话时，不要中断或反驳孩子，不要干涉孩子做自己喜欢的事情等。

4.让男孩独立面对各种难题

正如一位名人所说:"所谓成长,就是去接受任何在生命中发生的状况。即使是不幸的、不好的,也要去面对它,解决它,使伤害降至最低。所谓的成长,所谓的智能,所谓的成熟,都不过如此。"这样的男孩才能独当一面,成为一个自立自强的男人。

总之,只要不是原则性的问题或危险的事情,父母都可以放手让男孩自己做决定,而且要多提供机会让男孩自己做决定,并且是真正的自己做决定。父母千万不要左右男孩,也不要对男孩事先做出假设或者限制,要给男孩以单独思考、学习和玩耍的时间与机会,这样,他才能成长为一个独立、不人云亦云的男子汉。

教会男孩做一个心存善良的人

家长的烦恼

13岁的超超是一名初一的学生,因为家庭富裕,他从没体会到生活的艰辛和困苦。一次,母亲在学校的号召下,把超超送到一个山区的家庭"体验生活"。那家有个小女孩,叫妮儿。

妮儿家的房子是用泥土和茅草建造的,屋里黑洞洞的,除了一张破旧的桌子,再没有一件像样的东西了。妮儿长得又瘦又小,个头比自己矮了一大截。为了挣学费,妮儿还要常常去砖窑帮忙挑砖坯,可一天只能挣1元。

看到这些,超超的心里沉甸甸的。他掏出50元放在妮儿妈妈的手里,真诚地说:"阿姨,以后我会帮助妮儿的。"

回来以后,超超像变了一个人。他不再吵着要妈妈买新玩具了,也不再挑食和吃零食了。整整一个暑假,他没有吃一根冰棍,用省下来的300元买了文具、衣服,寄给妮儿。

心理分析

这个男孩是个满怀爱心的人，能够体察发现别人的困难，并且能把帮助别人解决困难当作自己的责任。能够在生活中遇到这样的人是一种幸福，而他这种品质的获得正是父母有心教育的结果。青春期是每个男孩人格砥砺的时期，因此适当的生存体验还是需要的，让男孩明白世界上还有许多不幸的人需要帮助，这有利于他们正确人格和品质的形成。

每个男孩的心中都有善良的种子，作为父母，我们要维护并发扬男孩的爱心。其中，助人为乐的精神也是父母应该帮助男孩树立的，是需要父母一份恰当的爱哺育出来的。

专家建议

1.明确告诉男孩什么是善恶对错，让男孩形成正确的价值观

"种瓜得瓜，种豆得豆。"从小在男孩心灵这片土地上，播下"助人为乐"的种子，长大后，他们就会像美丽的天使一样关心别人的疾苦，亦会多为别人办好事，体验到人生的快乐；如果种下"自私自利"的种子，男孩长大后只会关心鼻子尖底下的那丁点儿小事，怎么能有所作为，又怎么能获得快乐呢？

2.带男孩参加相关活动

带男孩经常参加一些慈善活动或者助人的社会实践活动，让男孩感知别人的疾苦。例如，让男孩为敬老院义务劳动，或者打扫附近的公园，这类活动都能教会男孩助人为乐。

3.父母要在日常生活中多帮助他人，给男孩起榜样作用

在生活中，父母的行动是儿子的一面镜子。父母以身作则，为男孩做出榜样，他耳濡目染，逐渐也会养成行为习惯。如邻里之间互相关照；帮助孤寡老人的生活；心系灾区灾民，为灾区捐款捐物；单位同事遇到困难时给予帮助和关照；在公共汽车上给人让座。这种教育的作用是潜移默化的，将会收到意想不到的效果。

总之，助人为乐是一个人思想境界的行为体现，是一种精神的升华。有句名言说得好："关心他人，竭尽全力去帮助别人，会使人变得慷慨；关心别人的痛苦和不幸，设法去帮助别人减轻或消除痛苦和不幸，会使人变得高尚；时常为他人着想，会丰富自己的生活，增加自己的涵养。"做父母的不仅承担着教育男孩成就学业的责任，还担负着传承中华文明、培养孩子健全人格的重任。教育和帮助男孩助人为乐，每一个家庭都担负着义不容辞的责任！

■ 每个男孩都应有自我反省的能力

> **家长的烦恼**

这天，某中学初二（3）班在开一场班会，班会的主题是如何总结学习经验和教训。班会开始前，班主任先以一个故事入题：

爱因斯坦小时候十分贪玩，他的母亲最担心的就是这点，很多时候，母亲对他的告诫，他都当成耳边风，过后就忘。等到他16岁的时候，父亲对他的一番话让他真正长大了，并且影响了他的一生。

父亲说："昨天，我和你杰克大叔一起去清扫了南边的一个很久没人打扫的烟囱，去的时候，我走在你杰克大叔后面，他踩着钢筋做的梯子上去。下来的时候，我依然走在你杰克大叔后面。但我们出来的时候，我发现，你杰克大叔身上、背上、脸上都是黑乎乎的。"

爱因斯坦听得很认真，父亲继续微笑着说："当我看见你杰克大叔浑身黑乎乎的样子时，心想，我肯定也脏死了，于是，去河边洗了又洗。而你杰克大叔恰恰相反，他看到我干干净净的，以为自己也是干干净净的，只是随便洗了洗手，就去街上了。结果，街上的人都笑破了肚子，还以为你杰克大叔是个疯子呢。"

爱因斯坦听罢，也忍不住笑了半天。等他平静下来后，父亲郑重地对他说:"其实谁也不能做你的镜子,只有自己才是自己的镜子。拿别人做镜子,白痴或许会把自己照成天才的。"

"老师讲这个故事,是希望同学们明白,一个人,只有这样不断反思,找到改进之处,才能不断进步……"

心理分析

正如爱因斯坦的父亲所说,我们只能做自己的镜子,照出真实的自我。任何人想进步,都要掌握关键一点,那就是一定得认识和了解自己,而这件事只有自己才能完成。谁能永久激励你?谁能让你不断成长?答案是你自己,别人只能起到推波助澜的作用而已!所以要获得成功,首先要研究、了解自己,你才是自己的最佳导师。

我们都知道,青春期是人生的岔路口,每个男孩在这个阶段养成什么样的习惯、形成什么样的人生观,都关系到他们一生的命运。作为父母,我们要告诫男孩,无论是做人还是做事,都要善于自我反省,只有这样,才能发现自己的缺点或者做得不够好的地方,然后加以改正,使自己不断进步,并能够扬长避短,激发出最大潜能。

专家建议

1.告诉男孩经常自我反省的重要性

学会反省自己,始终是最明智、最正确的生活态度。当男孩在成长过程中遇到问题时，父母也要引导他反省，让他反省自己的行为，反省自己的思想，让他承担自己的责任，学会反省自己的言行。

那么，什么是反省呢？反省即检查自己的思想行为，检查其中的错误。学会反省，就是学会对自己的思想行为进行自我检查。古人云："知人者智，自知者明。"的确，人贵有自知之明，试想，如果一个人自己不了解自己，目空一切，心胸狭窄，心比天高，又怎么会虚心进取？就更不用说成功了。

2.引导男孩从三个方面反省自己

（1）人际关系。"你今天有没有做过什么对自己人际关系不利的事？你今天与人争论，是否也有自己不对的地方？你是否说过不得体的话？某人对你不友善是否还有别的原因？"

（2）做事的方法。"反省今天所做的事情，处事是否得当，怎样做才会更好？"

（3）生命的进程。"反省自己至今做了些什么事，有无进步？是否在浪费时间？目标完成了多少？"

如果男孩能坚持从这三个方面反省自己，那一定可以纠正自己的行为，把握行动的方向，并保证自己不断进步。

3.告诫男孩要保持空杯心态

青春期是情绪化的时期，一些男孩在取得好成绩时难免会骄傲，此时，父母必须告诉男孩要放下过去的荣耀，只有这样，才能让内心变得更强大。

总之，反省的过程就是一个人心智不断提高的过程，是一个人心灵不断升华的过程，教育青春期的男孩，帮助他及时发现自己的问题，扬长避短，并加以改进，那么他便能更好地成长。

■ 拥有良好心态的男孩更容易成功

家长的烦恼

汪先生的儿子兵兵最近因为打篮球腿骨折了，受伤后的他没办法上学，在家养伤，没办法跟小伙伴们蹦蹦跳跳了，所以心情很糟糕，总是唉声叹气。汪先生决定找儿子好好谈谈。

汪先生并没有开门见山，而是先给儿子讲了一个故事：

曾经有个人，他的一生都是充满不幸的。

在他46岁那年，他坐的飞机发生了事故，他全身65%以上的皮肤都被烧坏了。无奈之下，他必须进行植皮手术，但令他没想到的是，他的脸变成了一块彩色板，他的手指也没有了，而且双腿瘫痪了，只能靠轮椅行动。可出乎意料的是，就在6个月后，这个人居然驾驶飞机上了蓝天。

然而，厄运并没有到此结束。4年后，在一次飞行过程中，他所驾驶的飞机居然失控摔回跑道，他的12块脊椎骨全部被压得粉碎，腰部以下永远瘫痪。

但即使这样，他也没有消沉，他说："我瘫痪之前可以做1万种事，现在我只能做9000种，我还可以把注意力和目光放在能做的

> 9000种事上。我的人生遭受过两次重大的挫折，所以，我只能选择不把挫折当成自己放弃努力的借口。"
>
> 这位生活的强者，就是米契尔。正因为他永不放弃努力，最终成为一位百万富翁、公众演说家、企业家，还在政坛上获得一席之地。
>
> 说完这个故事后，汪先生问兵兵："儿子，知道这个故事的含义了吗？"
>
> "我知道，爸爸，做人一定要乐观。"兵兵很干脆地说。

心理分析

著名教育学家塞利格曼指出：父母教育孩子的方式正确与否，显著地影响着孩子日后性格是乐观还是悲观。因此，作为父母，一定要培养男孩积极的心态，让男孩在乐观中逐渐找到生活的自信。的确，无论何时，人都会遇到两种机会，一个是好的，一个是不好的。好机会中藏匿着不好的机会，而不好的机会中又隐含着好机会，关键是我们以什么样的眼光、什么样的心态和视角去对待它。

一位教育专家有句名言："培养笑容就是培养心灵。把孩子培养成面带笑容的孩子，就是把孩子培养成为乐观、进取的人的重要条件之一。"

的确，一个乐观开朗的人，无论面对什么样的生活，都有能力重新开始，即使在地狱中，也能重新走入天堂。对于任何一个人来说，这是比什么都重要的财富。

因此，家长在培养男孩的过程中，乐观性格的培养是必不可少的。也许有些男孩天生就比较乐观，有些男孩则相反。但乐观性格是可以培养的，即使孩子天生不具备乐观性格，也可以通过后天的努力来实现。

专家建议

1.家长首先自己要乐观，用积极的家庭成长环境来熏陶男孩

男孩在成长过程中，一直在看着父母，如果父母在处理自身问题和家庭问题时持乐观态度，那么男孩通过观察和模仿也会逐渐养成乐观性格。当男孩遇到挫折而悲观时，父母应引导男孩对问题进行多方面的思考和衡量，并让男孩明白他的思想中存在的逻辑错误。

自信乐观的父母总是能够培养出自信乐观的男孩，他们总是能够为儿子营造这种积极乐观的氛围。为此，家庭中所有成员在说话做事时都应有平和的态度。在对男孩说话时要和颜悦色，让他感受到心情舒畅。不要经常厉声厉色地斥责男孩，以免男孩对父母望而生畏，心情老是处于不舒畅的紧张状态。这就要求父母尊重男孩的愿望，做事以理服人，让他们自然滋生出积极的情绪。

2.鼓励男孩做一些力所能及的事

父母要经常引导男孩完成力所能及的任务，使其体验"成功"的欢乐。对于一个人来说，能够产生的最愉悦的情绪，莫过于完成任务的满足感和自豪感了，因此，作为父母，要让男孩在完成学习、劳动任务中，或在游戏活动中体验到"成功"的愉快心情。

3.帮助男孩消除不良情绪

男孩一旦有了不愉快的心情，家长要设法尽快消除其不良情绪，恢复其愉快的心境。

总之，培养男孩乐观的心态，父母要身体力行，营造出一个乐观而温馨的家庭环境，让男孩快乐地学习、快乐地生活，教男孩正确面对批评和挫折，学会乐观向上，帮助男孩克服羞怯和抑郁的悲观因素，多给予赏识与鼓励，多给予笑声与温暖，这样，男孩就会逐渐形成乐观开朗的性格。在男孩的一生中，乐观具有许多意义：它是诱发男孩采取行动的强烈动机；它住进男孩内心，是可以提供勇气、克服困难的神秘力量。

9

引导正确交友，教会孩子形成健康的友情观

  我们每个人都是集体的一分子，都需要友谊，正如古人所说"人生得一知己足矣"。青春期更是渴望获得友谊的时期，相信每个青春期男孩都希望自己的生活里有这样一些人，能给他们讲一些简短却动听的故事，会教他们玩好玩且健康的游戏，这些人就是朋友。作为父母，我们都希望自己的儿子能有一两个好友，这样，男孩就不会孤单，在他以后的人生路上，也有知己相伴，但我们必须告诉男孩什么是真正的友谊，帮助他们建立正确的择友观，只有这样，男孩才会交到真正的朋友。

■ 正确引导孩子原谅别人

家长的烦恼

这天，老师上课前，教室里静悄悄的，因为昨天班上两个男生打架了，大家心想，今天老师肯定要惩罚他们。但老师并没有说什么，而是先给大家讲了个故事：

两个已是好友的士兵在森林里与大部队失联了。

与队伍失散后，两人在森林中艰难跋涉，互相鼓励、安慰。10多天过去了，他们没有看到一个人影，回到部队的希望越来越渺茫，更严重的是，因为战争，动物四散奔逃或被杀光，他们依靠猎杀少量动物作为食物，生存成了问题。

很快，他们再也没看到任何动物，仅剩下的一些肉背在年轻战士的身上，生存又面临更严重的问题。

一天，背着肉走在前面的年轻战士中了一枪，这一枪打在肩膀上。后面的战友惶恐地跑了过来，他害怕到语无伦次，抱起倒在地上的战友泪流不止，并赶忙把自己的衬衣撕成条来包扎战友的伤口。

夜深了，受伤的战士肩膀上包扎的衣服一片血红，他对于自己的生命并不抱任何希望。而那位未受伤的战士两眼直勾勾的，嘴里一直叨念着母亲。用来救命的肉谁也没有动，他们都以为自己的生命即将结束。那一夜令两个人都终生难忘。

第二天，他们被自己的部队发现了，当太阳升起的时候，他们获救了。

故事到这里，似乎告了一段落，应该是个喜剧。

但时隔30年，那名受伤的战士安德森说："我知道谁开的那一枪，他就是我的老乡、战友。"这实在是太惊人了。

安德森平静地说："他去年去世了，否则我永远都不会说，如果我死在他前面，我会把这个故事烂在肚子里。那年在森林里，当他抱住我时，他的枪筒还在发热，我顿时明白了，他想独吞我身上带的肉活下来，但当晚我就宽恕了他，因为我知道他活下来是为了照顾他的母亲。此后30年，我装作不知道此事，也从不提及。令人难过的是，他的母亲还是没有等到他回来就撒手去了。我和他一起祭奠了老人家。他跪下来，流着泪请求我原谅他。我拥抱着他，不让他说下去。于是，我宽恕了他，我的心没有仇恨，异常平静。我没有失去什么，我们又做了二十几年推心置腹的朋友。"

故事中主人公安德森是豁达的，面对朋友对自己的伤害，他选择了忘却。同学们，老师告诉大家这个故事，是希望大家明白，即便产生了矛盾，有过节，只要我们选择宽容，就能成就友谊。

心理分析

对于青春期的男孩来说，他们总有几个好朋友，这些孩子会一起学习，有很多共同语言，却可能因为一些小事而产生误会，一些男孩甚至会对友谊产生怀疑。对于这样的情况，我们一定要引导男孩，告诉他们，不计前嫌才是真丈夫，主动伸出橄榄枝就能让友谊更持久。

专家建议

1.告诉男孩学会包容别人

包容是一首人生的诗，我们的生命因为包容而不再平庸；包容是一门生活的艺术，是大肚能容的境界，能让我们读懂人生的真谛。生活中，我们要懂得包容别人，因为相让共得，相斗俱伤。

我们要告诉男孩，对于他人的过错，大可一笑了之，而不必耿耿于怀。做一个大气的人，用宽容的心去原谅他人，能成就我们自身。再者，宽容还能使我们变理智，当事情发生时，我们能冷静下来看到事情的缘由，同时，也能看清自己。

2.鼓励男孩主动和解，化解争端

要知道，产生矛盾的两个孩子，如果谁都不主动和解，那么，只能不断争执下去。为此，父母可以鼓励男孩，对他说："你应该大度一点，主动和解。如果你希望对方接纳你，那么，你就应该先伸出友谊之手，而不要摆出一副冷冰冰的态度和架势，这只会让那些原本愿意与你结交的人望而却步。只有积极、热情、真诚才能融化人与人之间的冰山。"

　　总之，我们要让男孩明白一个道理：你怎样对待别人，别人就会怎样对待你，接纳对方，才能被对方接纳，所有的一切全部由你的态度决定！

■ 让男孩学会欣赏他人

家长的烦恼

有一段时间,李先生觉得儿子有点儿不对劲,他好像不跟自己最要好的同学王远一起上学和放学了,不会吵架了吧?李先生心想,孩子之间吵架,很容易和好,也没在意。可是,这种情况持续了一个月,这让李先生感到很奇怪。

看到儿子闷闷不乐的样子,李先生决定找儿子谈谈。"儿子,爸爸知道你最近肯定是遇到什么不开心的事了,如果你把爸爸当朋友,就跟我说说好吗?"

"没事的,您不用担心。"儿子敷衍着。

"是不是和王远吵架了?我感觉你们最近也不在一起玩了。"

"不要跟我提他,我没他这个朋友。"

"怎么了,他做对不起你的事了吗?"李先生继续引导儿子。

"没有,我就是讨厌他,以前上小学的时候我们差不多,可是现在,他每次考试都比我好,我跟他在一起,像个小丑,一点面子都没有。"儿子很激动地说着。

> "儿子，你要明白，他成绩好不是他的错。想想看，如果你跟他做朋友，还能从他那里学到好的学习方法，你们之间如果能在学习上你追我赶，是不是都能进步？其实，王远是不错的孩子，爸爸一直鼓励你跟他来往。"
>
> "爸爸，您说的有道理，您让我好好想想……"

心理分析

李先生的儿子为什么不再愿意和王远交朋友？因为王远学习成绩比他好，让他感到没面子。其实，有这种想法情有可原，不少青春期男孩宁愿跟那些学习成绩不如自己的人交往，就是因为这种心态。

的确，懂得欣赏别人是一种豁达，是一笔财富。用欣赏的眼光去看待别人，会发现其有很多优点，有很多值得自己学习和借鉴的地方。对于男孩来说，这也是一种鞭策，一种不断完善他们个性的方法。

青春期是个需要朋友的时期，青春期的男孩也慢慢成为一个社会人。青春期是个为友谊劳心劳力的年纪，每个男孩都有几个朋友，但似乎这些孩子间都有一个威胁友谊的最大杀手——嫉妒，因为同龄孩子之间往往免不了竞争。因此，很多孩子在面对比自己优秀、比自己成功的朋友时，就会产生心理不平衡。作为父母，我们不但要鼓励男孩和朋友交往，还要告诫他们用欣赏的眼光去看待别人，这样才会拥有良好的人际关系，也会提高自己的人格魅力。

专家建议

1.告诉男孩不要只关注自己

父母要让男孩明白，与别人交往时首先想到自己的人，与别人的关系很难持久。当你开始把注意力集中到别人身上时，建立良好人际关系的可能性就大大增加。再者，人际关系是相互的，不要总是消极地等待别人来主动关心自己、帮助自己，要想建立良好的人际关系，最重要的是要主动地与周围的人交往沟通。

2.提醒男孩反省自己，发现别人的长处

作为成长中的男孩，以这样的心态面对比自己优秀的朋友或者同学，不仅能学会用客观的眼光看自己和对方，也能弥补自己的不足。这样，就不至于为一点小事钻牛角尖，还能交到帮助自己成长的真正朋友。

3.鼓励男孩用欣赏的眼光看待别人，千万不要试图通过争论使人发生改变

男孩可能常喜欢与同学、朋友讨论问题，这有助于提高自己的知识和思维水平，但我们要告诉他，千万不要试图改变对方，而应该站在对方的角度，多想想对方为什么会产生这样的想法和意见。如此，你就能发现与自己不同的思维方式，同时还能发现对方的优点。

4.引导男孩友善和谐地与人相处

对于青春期的男孩来说，人际交往在其心理健康发展中非常重要。通过与人交往，男孩不仅能感受到关爱，还能通过他人的评价，及时地改正自己的不足，并督促自己成长。

总之，在学习或者生活中，我们要培养男孩宽广的心胸，要让男孩明白一点：如果你的周围有比你优秀的朋友，千万不要嫉妒。只有心胸宽广，用心交友，以人之长补己之短，才能获得真正的友谊！

■ 引导男孩理解真的义气

家长的烦恼

这天，某中学发生了一起学生集体斗殴事件，事件经过是这样的：

初中一年级的学生在选班干部时，由于班主任对新生不了解，所以，决定给几名被选出来的班干部3个月的试用期。很快，3个月过去了，班主任让班上的同学重新选班干部。结果对于班长的职务，班上的一半同学选择了原来的代理班长，另外一半同学却选另外一个候选人，并且选票完全一致。那天中午，班主任让大家再商量一下，下午做出决定，结果，就在午休的半个小时中，班上出现了一场激烈的"战斗"，要不是班主任及时出现，这些男同学就抄起"家伙"了。班主任经过了解得知，这两位班长"候选人"，早就在班上培植了一批"小弟"。其中有几个胆小的男同学对班主任老师透露，其实他们不想加入的，但又怕被其他男同学鄙视，就加入了。班主任又气又急，现在的孩子，小小年纪，就盲目讲义气了。

后来，班主任请来了几位家长，共同商量怎么解决这事，结果有位家长说："我儿子学习非常好，这您是知道的，但就是逆反心理特强，不听爸爸妈妈的话。另外，这孩子从小就喜欢看《水浒传》，因此特别注重友谊。今年暑假的时候，他去看了他小时候的玩伴，那个男孩被社会上的人打了，结果我儿子非要帮玩伴报仇，要不是我们及时发现，恐怕都已经酿成大错了。老师，我想知道这种孩子他的心态是怎么样的，我们应该怎么教育呢？"

心理分析

其实，类似这样的现象在青春期男孩中间时有发生。随着年龄的增长、视野的开阔，男孩对外界事物所持的态度和情感体验也不断丰富起来，他们渴望交友，有了自己的交友圈子，有自己的几个好朋友，于是，相互之间就称兄道弟，并盟誓有福同享、有难同当等，这就是哥们儿义气。

生活中，有些父母认为，儿子有几个好朋友，在学校就不会孤单了，于是，他们放宽了心，把孩子交给了学校，由老师全权管理。当男孩因为打架斗殴被学校处分的时候，才意识到自己的失职，儿子盲目讲义气，很容易误入歧途。那么，作为父母，应该怎样引导男孩理智对待友谊，摒弃"江湖义气"的行事风范呢？

专家建议

1.理解男孩渴望友情的心情

那些喜欢讲义气的男孩，相对来说都缺乏师长的肯定，从而希望在同龄人身上得到赞同。处于青春期的男孩，渴望与人交往，获得友谊，对此，家长要予以理解，你可以告诉男孩："爸爸妈妈知道你压力大，需要一个朋友倾诉，但你可以把爸爸妈妈当成好朋友啊！"男孩在得到父母的认同后，也就能与父母坦诚地交流了。

2.与男孩多沟通，让他明白什么是真正的友谊

青春期的男孩涉世不深，善良单纯，注重友情，感情真挚，但这些男孩毕竟缺乏明确的道德观念，分不清什么是真正的友谊，甚至把"江湖义气"当成交朋友的条件，而使自己误入歧途。

作为家长，应该告诉男孩，友谊是人与人之间的一种真挚的情感，是一种高尚的情操，友谊使你赢得朋友。当遇到困难和危险时，朋友会无私帮助，如果有了烦恼和苦闷，也可以向朋友倾诉。

但友谊与哥们儿义气是不同的，友谊是有原则、有界限的，友谊对于交往双方起到的都是有利的作用，因为友谊最起码的底线是不能违犯法律，不能违背社会公德。友谊需要互相理解和帮助，需要义气，但这种义气是要讲原则的，如果不辨是非地为"朋友"两肋插刀，甚至不顾后果、不负责任地迎合朋友的不正当需要，并不是真正的友谊，也称不上真正的义气。

3.告诉男孩分辨是非，提高辨别能力

对男孩是非观念的培养是需要一个过程的，家长要以鼓励为主。当男孩有所进步的时候，家长要鼓励、表扬和奖赏他，这样可以使他得到精神上的满足和情感上的愉快，巩固已有的进步。男孩做错了，家长也不应体罚他，而应进行必要的严肃批评，耐着性子和他说理。

4.教会男孩克制冲动的情绪

有时候，青春期男孩在朋友遇到困难或者不利时，出于义气，会不经过

思考，做出一些冲动的行为，如为了朋友打群架等。其实，男孩的想法并没有错，只是太过冲动，有时候好心办了坏事。

对于这种情况，我们应对男孩说："你这样做并不能帮助朋友，冲动起不了任何作用，反而帮了倒忙！朋友有难，你该帮助，但是要选用正确的办法！"你不妨让他先冷静下来，找到解决问题的办法。

■ 主动道歉的男孩更容易获得原谅

家长的烦恼

这天，在下课前的15分钟，老师让语文课代表为大家朗读了一篇文章：

我住的地方，从家里出门步行一分钟，就有一个公园。我常常带着雷斯到公园去散步，它是一只温驯而不伤人的小狗，因为公园里游人稀少，我一般不给它系狗链或戴口罩。

有一天，我们在公园碰到一位骑马的警察。他严厉地拦住我们，"干吗不给它系上链子？"他训斥道，"不知道这是违法的吗？""是的，我知道。"我连忙温和地回答："不过我的狗从来不咬人。""不咬人？这是你自己的想法，法律可不管你怎么想。它可能在这里咬死松鼠，也可能咬死小孩。这次我不追究，下次我再看到这只狗不系链子，不戴口罩，你就只好去跟法官解释啦！"我客气地点头，连说"遵命"。我的确照办了，可是雷斯不喜欢戴口罩，有一次我决定再碰碰运气。

这天下午，雷斯和我在一座小山坡上赛跑，突然间，我又碰上了那位执法大人，雷斯跑在前头，直向他冲去。我知道这回要倒霉了。于是不等警察开口，就抢在他前头说："警官先生，这下你当场抓到我了。我确实有罪，触犯了法律。你在上个星期就警告过我了。""好说，好说。"警察说话的声调意外地温和。"我知道在没有人的时候，谁都会忍不住要带这么可爱的一只小狗出来溜达。""这倒是的，"我说，"但我违反了规定。""这条小狗大概不会咬上别人吧？"警察反而为我开脱起来。"这样吧，你们跑到我看不见的地方，事情就算了。" 我向他连连道歉，带着雷斯走过了山坡。

语文课代表读完文章，老师说："相信大家都读懂了文章的中心思想，对于'带狗'这一事件，这位警察的态度为什么会发生如此巨大的变化？因为狗主人的主动道歉。假如这位主人不是主动认错，而是与警察辩解，那么，不管他怎么辩解，恐怕也不会得到警察的谅解。所以，我也希望同学们在交朋友的过程中，如果做错了事，一定要先道歉……"

心理分析

每个人都生活在一定的关系中，在与人交往时谁也避免不了伤害别人或者被别人伤害。做错了事说声"对不起"是一种符合社会规范、体现人的素质、增进人际交流必不可少的行为标准，尽管大多数伤害是无意的，但学会道歉和学会接受道歉，是打开通向原谅和恢复关系大门的最有效的钥匙。

同样，生活中如果男孩正在为做了让朋友生气的事烦恼，那么，我们一定要让男孩学会道歉，挽回友谊。美国著名心理学家盖瑞·查普曼博士提醒说："孩子小时候就能学会道歉的语言，随着年龄的增长，他们对道歉的重要性会有更深的领悟和理解，为今后的道德和人际关系发展奠定基础。"通常，我们都需要经历一个漫长的过程才能让男孩明白，当他的行为让别人受到身体上或情感上的伤害时，他应该道歉。而一旦他能够发自肺腑地说出"对不起"，那么他不仅掌握了一项社会技能，更重要的是，他学到了怎样去补救自己的过失，怎样对自己的行为负责，怎样照顾他人的情感。那么，我们该怎样学会这门教育心经，让男孩在伤害对方的时候，为自己的行为负责，向对方道歉呢？

专家建议

1.引导男孩认识到自己的错，是主动道歉的前提

男孩没有学会道歉，可能是因为不懂得是非概念，不知道生活中什么是对的、什么是错的、为什么是错的，更不知道自己应该怎样改正错误。因此，父母切不可对男孩动辄责备，而应耐心地告诉他为什么错了，错在哪里。认错需要一定的勇气。男孩不敢认错，可能是害怕承担后果，父母应给男孩一种安全感，告诉男孩每个人都有犯错误的时候，只要改了就是好孩子，避免男孩产生畏惧感。

2.教会男孩一些真诚地向别人道歉的技巧

（1）教会男孩用一些小礼物表达自己的歉意，这就是"尽在不言中"的妙处。孩子之间的矛盾不是什么"深仇大恨"，只要有一方主动示好就能

化解。

（2）让男孩切记道歉并非耻辱，而是真挚和诚恳的表现。

（3）除非道歉时真有悔意，否则对方不会释然于怀，道歉一定要出于至诚。

（4）告诉男孩道歉要堂堂正正，不必奴颜婢膝。你想把错误纠正，这是值得敬佩的事。

（5）让男孩明白，应该道歉的时候，就抓住时机，马上道歉，越耽搁就越难启齿，有时会追悔莫及。

当然，家长要以身作则，给男孩树立好榜样，自己做错的时候，也要真诚道歉。总之，我们要让男孩明白，道歉是对自己的行为负责的表现，是真正的勇者，这样的人一定能得到朋友的原谅！

10

引导情感交流，帮助男孩理性对待青涩早恋

男孩到了青春期，都渴望与异性交往，希望获得异性的注意，但这个阶段的男孩毕竟对爱情和婚姻还没有一个正确的认识，而且，青春期是积累知识的年纪，是为理想和目标努力的年纪，过早恋爱对男孩的身心发展都不利。父母在对青春期男孩进行教育的过程中，一定要多与男孩沟通。当发现男孩有早恋的倾向时，要对男孩进行巧妙沟通和引导，做男孩的知心朋友，聆听他的心声，让他在父母的支持帮助下走出情感的旋涡。

■ 引导男孩把握与异性交往的尺度

家长的烦恼

林大姐最近有一件烦心事：儿子似乎有了"早恋"的苗头。最近一段时间，儿子跟一位女生似乎"要好"得过了头，不仅每天早晚上学、放学一起走，就连回家后，也是短信联系不断。眼看再过几天就要放假了，林大姐担心的是，假期没有学校的管束，儿子和那个女生之间"要好"的感情会不会越来越难以控制？

林大姐的儿子过了暑假就上初二了，当初儿子考入初中的成绩相当不错，能在班上排前十。但从初一下学期以来，儿子在学习上一再退步，老师也反映儿子读书"很不专心"。林大姐私下找了儿子的同学，也偷偷看了儿子的日记，原来儿子在初一下学期认识了一个很谈得来的同年级女同学。

林大姐也曾试着委婉提醒儿子，不要陷入"早恋"而影响学习。但儿子总是很理直气壮地回答自己和那个女生只是比较有话说，是很谈得来的异性朋友而已，两人在一起聊的也是学习上的事情，还让林大姐不要随便"说三道四"。林大姐犯愁了，儿子大了，自尊心又强又敏感，到底该怎么引导，才能让儿子把握好情感的尺度？

心理分析

其实，林大姐的担心是有道理的，处于青春期的男孩，很难识别异性之间的交往与真正的爱情有什么区别，这也是所有父母所担忧的。

进入青春期的男女同学都有同样的心理，都希望自己能够成为受到异性注目和欢迎的人。为此，他们尽力地改变自己、完善自己，这也是一个自我评价、自我发展、自我完善的最佳心理环境，是克服自身缺点及弱点的好机会。从小培养男孩与异性建立健康的情感，使他们能够理解异性、尊重异性，与异性发展自然的、友爱的关系，会为他们今后顺利地进入恋爱和婚姻关系奠定良好的基础。

然而，与异性同学间的友谊是青春期的孩子之间最为敏感的话题，同性间的友情是可以公开的，但对某个异性的好感却是隐秘的，是在口头上坚决不承认的，这恰好反映出男孩的矛盾心理。这一时期的男孩对异性会有一些兴趣，会关注她们的言谈举止，这种好感是朦胧的、短暂的、不稳定的，所以他在对某个异性产生兴趣的这段日子里，非常反感别人来刺探他的想法，更讨厌别人干涉他的做法。当家长、老师问及这方面的事时，他一般予以否认，仅说是普通同学关系。事实是，这一时期男孩的情感正处于朦胧期、矛盾期，他自己也很难说清楚。为此，很多父母很担忧。但无论如何，我们要告诉男孩与异性交往的尺度。

专家建议

1. 告诉男孩，青春期是学习自律的关键期，成功的异性交往取决于自觉遵守规则

青春期与异性交往有许多益处，家长应支持。而对男孩最大的支持，是制定交往的规则，提醒男孩学会自律。

父母可以与男孩共同讨论媒体报道的案例或某些电视剧的情节，发表各自的看法，增强男孩自我控制的意志力。在异性交往中善于自我控制，可有效避免许多不必要的麻烦。另外，自控能力是建立在正确的知识观念的基础之上的。家长还应该开诚布公地与男孩讨论与异性交往有关的问题，不必有什么禁忌，凡是男孩感兴趣的话题，都可以摆到桌面上进行讨论和争论，必要时还可以查阅书刊或请教专家。

2. 教导男孩学会抗拒诱惑，明辨是非，正确选择自己的成长道路

男孩在异性交往中也会面对形形色色的人和事，如果缺乏分辨力，或是被表面现象迷惑，就可能被社会上负面的东西欺骗或侵蚀。怎么办？一方面，父母在对待婚姻家庭、异性交往的态度行为上应该为男孩做出榜样；另一方面，要对男孩信息透明，不要以为孩子看到、听到的都是正面的东西就不会出问题，关键还是要引导男孩学会自主选择，有能力自我保护。

总之，男孩进入青春期渴望与异性交往，是其身心健康发展的重要标志。教会男孩学会与异性恰当交往，是对未来婚姻家庭的准备，也是对未来事业发展和社会人际关系适应的必要准备。

■ 正确看待青春期男孩的暗恋

家长的烦恼

钱女士的儿子鑫鑫已经15岁了，是个很懂事的男孩。钱女士虽然没什么学历，经济情况也不是很好，但很会教育孩子，鑫鑫也一直把她当成好朋友，最近，她看儿子好像心事重重的，便打算在周末的上午与儿子谈谈心。

"鑫鑫，你是不是遇到什么事情了？"

"我不好意思开口，太难为情了。"鑫鑫说。

"妈妈是过来人，我想我能帮你，如果你实在不好意思开口，可以给我发邮件，我会给你回的。"

"好吧，妈妈。"

晚上的时候，钱女士打开自己的邮箱，果然看到儿子的邮件，内容是这样的："我感觉我真的喜欢上一个女孩了，是一种我从未有过的感觉，那个女孩是隔壁班的，我确定，世界上真的有一见钟情的存在，因为从我第一次看到她，我就喜欢上了她，可爱、纯真、活泼、美丽……我简直无法用文字来形容她的好了。反正，我觉得她是世界上最漂亮的女孩，我开始每天都想见到她，每天都被一种奇妙的感觉牵引着……我的情绪也开始被她影响着，她开心，我也开心；她忧郁，我也跟着难受。当我心情不好的时候，只要一见到她，马上就豁然开朗。总之，我的心情随她而变，我可以确定，我是爱上她了，可关键是，我不敢说出口，因为她那么优秀，那么美丽，肯定不会看上我这样一个普通的男生。妈妈，我该怎么办？"

看来，儿子真的是情窦初开了，那么，这封信该怎么回呢？

心理分析

案例中的鑫鑫是对隔壁班的一个女生产生了倾慕之情，但又不敢说出口，这就是人们说的暗恋。有人说初恋是纯真的，其实，最美的还是暗恋，青春期性萌动，哪个男孩不善钟情？暗恋，永远是那么甜美、那么苦涩。

俗语说，"情人眼里出西施"，说明喜欢一个人的感觉主观而片面，他认为的好就是好，你说不好他也听不进去，当家长持反对意见或者试图阻止时，他就出现逆反心理，开启地下恋情，这是最让家长感觉头痛的地方。

在教育男孩的过程中，很多家长认为，对于青春期的男孩，一定要严加看管，否则孩子很容易陷入早恋的泥潭。于是，男孩与异性说话都成为他们捕风捉影的信号。而父母的这种态度是很多男孩不敢向父母倾诉暗恋心情的原因。

庆幸的是，案例中的钱女士是个明事理的妈妈，她深知儿子对情感问题难以开口，便建议儿子采取写邮件的方式倾诉出来，对于儿子单恋某个女孩这一事实，也没有采取打压的方式，而是在寻求怎么引导孩子的方式。

那么，如果你的儿子也情窦初开，有了暗恋对象，该怎么处理呢？

专家建议

1.理解男孩的情感

无论是谁，喜欢上异性都是难以自控的，尤其是青春期男孩，更为要不要把心中的小秘密告诉对方而烦恼，不说自己心里很想念，说出来又怕对方不接受，于是辗转反侧、心烦意乱。

父母要告诉男孩，一个情窦初开的男孩，青春期对异性产生好感，甚至有与之交往的冲动，这是正常的，但要学会合理控制自己的情感，掌握交往的分寸。要知道，青春期恋情多数会影响学习，是自己实现理想道路上的岔道和障碍，因此，将小秘密埋藏在心里是明智的选择，让这份初恋的感情在心里发酵，随着时间的推移日久弥香。

2.与其苦口婆心地劝导，不如巧妙引导

现实生活中，我们常常见到这种现象：一些父母只要感受到儿子有什么地方不对劲儿，便不断盘问，并警告男孩绝不能早恋，殊不知父母这样做只会加快男孩将暗恋转化为明恋的脚步。这是因为，人都有主见，青春期的男孩也逐渐有了一定的独立意识，他们开始关注异性，而父母越是反对，他越是要选择自己倾慕的恋人。因此，深谙教育艺术的父母绝不会苦口婆心地劝阻孩子，因为他们知道，这样只会让孩子陷得更深。

男孩在成长过程中自然会出现一些心理波动，父母不妨采取一种讨论的态度，和儿子平等地讨论爱情，让儿子明白青春期是积累知识的时期，对异性的好感并不是爱情，并采取一些方法强化儿子的家庭归属感，让儿子重新把精力集中到学习上来。

■ 传递给男孩正确的恋爱观

家长的烦恼

这是一段母亲和儿子的对话。

"孩子，其实妈妈明白你的心情，妈妈也是过来人，在你这么大的时候，也喜欢过一个人。那时候，他经常来学校找我，并无微不至地照顾我，我发现自己爱上他了。可没过多久，他变得冷漠了，后来就不理我了。我伤心欲绝，学习成绩更是一落千丈。"

"后来怎样呢？"儿子好奇地问。

"后来，就在那段时间，我们学校转来了一个新同学，他开朗、乐观，成了我的同桌，我们无话不谈，一起学习、交流心得，很快，他帮助我走出了那段情感的阴影。你知道这个人是谁吗？"

"不知道。"

"他就是你爸爸啊，我们很快相爱了，但是我们并没有沉浸在爱情的幸福中，而是约定要一起考大学，一起追求梦想，后来，我们大学毕业就结婚了……"妈妈沉浸在甜蜜的回忆中。

"爸爸太棒了！"儿子赞叹地说。

> "是啊，不然我怎么会喜欢他，那你认为她怎样呢？"
>
> "我不知道，但她长得很漂亮。"
>
> "孩子，妈妈也给你一个建议：你不妨也跟她做个约定——你们要一起考上大学，等你考上大学之后，如果你还是这么认为，那么你不妨开始一段美丽的爱情。在这之前，你可以跟她做很好的朋友。"
>
> 儿子点点头答应了。

心理分析

并不是所有家长都能和这位母亲一样理解男孩，事实上，很多家长知晓儿子在青春期谈恋爱后，都会火冒三丈，然后"棒打鸳鸯"，最终结果是，男孩只会越来越坚信自己的选择，甚至做出更加"出格"的事。但家长的理解是男孩接受家长建议的前提。因此，作为家长，我们不妨放下架子，与孩子来一次促膝长谈，帮助孩子脱离早恋的苦恼，从那段青涩的感情中走出来。

父母是孩子的第一任老师，鼓励男孩把精力用于学习生活中，并指导男孩与人交往，尤其是要把握住与异性交往的安全距离，离得太近或太远都会给人一种不舒服的感受。

那么，父母应该怎样向男孩灌输正确的恋爱观呢？

专家建议

1. 理解男孩，谈话式教导，引导男孩走出恋爱的误区

我们要关注男孩，应经常询问男孩对周围异性伙伴的印象如何，以了解男孩的情感倾向和所思所想。同时，父母可讲讲自己青春期时与异性交往的经历与故事，让男孩说出自己的看法。要注意，最好避免用"早恋"这样的字眼，因为这一时期男孩与异性交往大多只是出于一种朦胧的爱慕心理。

2.告诉男孩如何处理"被追"的情况

作为父母，在对男孩情感理解的基础上，还要告诉男孩如何处理摆在面前的"爱情"，如情书。情书是青春期的少男少女表达爱最主要的一种方式，父母要告诉男孩：如果有人给你写情书，这表明你很有魅力，的确值得高兴，但是过后一定要把情书收起，把那份美好埋在心底。

3.告诉男孩与异性交往的分寸

我们不妨直言不讳地告诉男孩，青春期对异性产生好感并不可耻，但一定要把握分寸，大胆、大方地与异性交往，即使对异性有好感，也只能让它作为一种美好的愿望，珍藏在心底，等自己真正长大成熟时，它会以百倍的力量、热情、成熟来迎接你！

4.让男孩转移视线，明确初中阶段主要任务是学习

青春期是孩子长知识、长身体的黄金时代，世界观还未形成，缺乏必要的社会知识与经验，如果过早地陷入爱情的旋涡中，势必会影响自己的学业和身心健康。我们要告诉男孩，现阶段要做的是明确自己在青春期的奋斗目标，把精力重新投入学习中。

总之，男孩开始进入青春期后，身心上的巨变都会让他对爱情产生一些懵懂的意识。这段时间的男孩经常会陷入迷茫，他们不知道自己要做什么，根本不知道什么是正确的恋爱观。如果父母能够给予他们足够的理解、支持、关心和耐心，鼓励他们说出自己的想法，然后告诉他们该怎么做，男孩就会找到内心与外在世界的平衡，顺利地度过这段危险期！

教会男孩分清爱与崇拜

家长的烦恼

这天，王太太帮儿子收拾房间时，无意间看到从书本里掉出来的一页纸，好像是儿子的信件，纠结片刻王太太还是觉得应该看一看，信件内容是："我确实长大了，我今年15岁了，一开始我问自己是不是疯了，真的觉得太不可思议了。但现在我明白了，这是人生的必经之路，爱一个人没有错，我想我也不会再迷茫了。经过反复思考，我发现我真的爱上她了。她其实并不漂亮，不过我依然爱上了她。因为她有一颗善良的心。我是从初二开始发现的，那个时候，我还在黑暗里挣扎，每天浑浑噩噩地过着，是她给了我方向感，把我拯救了。在我没有信心的时候，是她给了我信心，让我重新站了起来。在我有危险的时候，她会不顾一切地帮我。为了我，她付出了很多。一开始我只是感激她，我对她一点点产生了依赖感，我发现我离不开她了。可那时，我只把她当作我的姐姐。不过，现在我发现我不只把她当作姐姐，我爱上了她。谁能理解我呢？"

看到这里，王太太心里一惊，儿子以为自己爱上了女老师，这可怎么办？

心理分析

一个15岁的男孩爱上了自己的老师，的确是有点儿不可思议，但首先要说明的是，他成熟了，情窦初开了。

的确，青春期是每个男孩情窦初开的时期，而与之接触最多的除了同学就是老师。对于男孩来说，他们容易对稍长几岁的女老师产生一种爱慕之情，因为女老师温柔、善良、知识丰富，即使最枯燥的课也能讲得栩栩如生。于是，很多男生感叹：爱上女老师该怎么办？

但事实上，这并不一定是爱，很可能是崇拜。很多青春期男孩对曾经帮助过自己的女老师都有类似的情感，以为这种情感就是爱，其实不一定，有时候，也可能是恋母情结的一种反映，潜意识里把她当作自己的母亲一般去爱。这并不是真的爱情，而是一种崇拜和敬畏。对于这种情况，作为父母，我们一定要对男孩进行引导，让他清楚崇拜和爱的区别，否则，男孩很容易陷进情感的泥潭中。

专家建议

1.先让儿子冷静思考以下几个问题

（1）爱一个人或许不需要理由，但必须知道爱她什么，也就是她有什么特质吸引了你。

（2）爱是相互的，爱一个人从某种角度讲，其实是意欲将自己的情感强加于被爱者，必须明白对方的感受或意愿。你清楚老师被你"爱"的感受或意愿吗？

（3）爱除了是一种感觉外，更是责任心。爱一个人，就是要对对方的一生负责，包括生老病死、贫穷与灾难。

（4）爱情也需要经济基础。在经济社会，没有脱离经济、社会地位、人文环境的"纯粹的爱情与婚姻"，爱的双方必须拥有相对平衡的社会平台。

2.告诉儿子"她并不是适合你的人"

你可以这样告诉儿子："首先，你们年龄上有一定差距，人生经验和社会阅历上有差距，人生观、价值观上也有不同，当然这并不是很重要的问题。"

"其次，青春期的喜欢并不稳定。你们之间相互还不够了解，你之所以喜欢她，是因为你把她想象得比现实中完美了。而你也许是情窦初开，等心理成熟以后，就会发现其实你所选择的她并不是你想要的那种人。"

"最后，在学校里容易受到周围人的影响，可能你并不想谈恋爱，但是别人都在谈，你也许就会去留意某一人，而实际上她并不一定就是你心目中的那个她。"

总之，我们要让男孩明白的是，他应把对老师的爱慕转化为学习的动力，如果能教导男孩把这种喜欢的感觉用得恰到好处，让男孩产生学习的动力，是能对男孩的成长起到督促作用的。

11

解答性困惑，正确对待男孩的性教育

　　进入青春期以后，男孩的身体就逐渐开始发育，面对生理上的变化，男孩情感上也会发生一些变化。很多男孩对异性产生想了解与认识的强烈愿望，性的成熟随之会给他们带来许多心理问题和令人困扰的事情，甚至表现出一系列性心理行为，如对性知识的兴趣，对异性的好感，性欲望、性冲动、性幻想和自慰行为等，这些都是父母不容回避的事实。此时，我们应该充当男孩的性教育老师，要及时地为男孩解除这些困惑，帮助他健康、快乐地度过青春期！

■ 青春期出现性梦是正常现象

> **家长的烦恼**
>
> 有一天，小伟找到他爸爸，很神秘的样子，在房间窃窃私语。
>
> 小伟："爸，我妈不在家吧？"
>
> 爸爸："不在，怎么了？"
>
> 小伟："我妈不在就好，我有一些男人的问题要问你，我妈在我怎么好意思问呢？"
>
> 爸爸："男人的问题？什么问题啊？"
>
> 小伟："我最近晚上老是做梦，梦到一些我不该梦到的事，我觉得很污秽。怎么会这样呢？我是不是和电视上说的那样生了什么心理疾病啊？"
>
> 爸爸："你能跟我说你的秘密，说明你很信任爸爸，我很高兴。其实呢，我知道你做的什么梦，爸爸像你这么年轻的时候也做过，你不必害羞，这也不是什么心理疾病，而是青春期的正常生理现象。"
>
> 小伟："是真的吗？我这是正常的？"
>
> 爸爸："是正常的，只不过你要记住，青春期是你学习的时期，

> 你需要做的是转移你的视线，多努力学习、储备知识，等过了青春期，很多问题也就不是问题了。"

心理分析

男性进入青春期后，身体便会表现出一系列男性所特有的性特征。许多刚刚进入青春期的男孩，对于青春期的一些正常心理和生理反应常常感到困惑，有的甚至惶恐不安。

许多青春期男孩睡觉时偶而会在梦中见到相识的女性或其乳房、颈、腿等部位，当达到极度兴奋时，就会遗精。许多男孩由此自责，觉得自己是个坏男孩，千方百计地去控制自己，可在梦中又不能自已。在医学上，这是一种性梦，是青春期性心理活动的重要内容之一，常发生在深睡或假寐时，以男青年居多。性梦和梦遗不是病态，而是一种不由人自控的潜意识性行为。有关专家指出，性梦是正常现象，不必大惊小怪。

据国外调查报告，几乎所有的男性做过性梦，男性性梦的顶峰期在15~30岁。性梦与道德品质没有关系。人不可能因为品质好就不做性梦，也不可能因为道德败坏就夜夜做性梦，不必自寻烦恼。

针对这一点，父母一定要让男孩知道，这是青春期性意识成熟的一种表现，不必大惊小怪，但一定要注意调节，不可影响生活和学习。因为性梦是正常的心理活动，但任何事物都要有个度。如果沉溺于其中，对学习、生活和自己的健康成长都是有害的。

专家建议

1.让男孩认识到性梦产生的原因

青春期的到来和男孩生殖器官的发育成熟，让很多男孩对两性之间的一些问题产生很多困惑，寻求和揭示性的奥秘是很多男孩青春期所向往的事情。因此，当男孩接触到一些与性有关的事物的时候，他们都会产生很多性刺激和冲动，但是因为道德的束缚和繁忙的学习，他们的这种欲望一般都会被压制，但熟睡以后，大脑的控制暂时消失，于是性的本能和欲望就会在梦中得到反映。所以，性梦大多是性刺激留下的痕迹所引起的一种自然的表露。遗精是男性性成熟的主要标志，性成熟是产生性梦重要的生理原因。

2.纠正男孩对性意识活动的错误认识

很多男孩认为性意识活动是低级下流、黄色淫秽、道德败坏的，如有的男孩由于性梦或性幻想的对象是自己的同学、邻居，便会产生罪恶感，认为自己道德沦丧。此时除了要向男孩解释性梦和性幻想的正常性与普遍性外，还应重点向男孩讲述性梦对象的不可选择性。要让他们明白，他们之所以出现一些困扰，并不是性意识活动本身所致，而是自己对性意识活动所持的态度造成的。以下几点是我们要向男孩传达的：

（1）性梦是一种正常的生理和心理现象，与道德品质一点关系也没有，正常的男孩开始成年就会做性梦，因此，男孩完全不必自寻烦恼。

（2）性梦中，男孩一般会遗精。

（3）性梦属于无意识行为，不受人的主观意识控制，这就是为什么男孩在白天不会做性梦。

（4）性梦是人体对各种器官及系统的自我检查和维护。

3.为男孩保密

虽然性梦是正常现象，但如果随意向外界披露性梦的内容和对象，不仅会对男孩造成伤害，还有可能引起纠纷。

总之，我们要让男孩明白：有性意识甚至做性梦都没有错，关键在如何调节和发泄，青春期应以学习为重，把精力放在学习上，就能转移性梦对自己的困扰。另外，多参加公共活动，也是一种自我调节的方式！

■ 性教育，影响孩子的一生

家长的烦恼

周末的一天，孙太太和儿子强强在家看电视连续剧。说实话，强强最讨厌看这种又臭又长的电视剧了，但强强的几个朋友这天都有事，没人陪他打球，他在家也实在无聊，就勉强与妈妈一起看。

现代都市情感剧免不了一些"少儿不宜"的镜头，以前在看到男女接吻的时候，强强总是遮住自己的眼睛，觉得很害羞，而孙太太如果看到儿子在的话，也会马上调台。可这次，强强居然目不转睛地盯着电视，孙太太一下子意识到儿子长大了，儿子对"性"开始有懵懂的意识了。

"妈，男人与女人为什么要亲嘴？结了婚为什么就生小孩了？我又是怎么来的？"儿子一连串的问题让孙太太不知道怎么回答，她明白，是时候告诉儿子这些性知识了，不能对儿子避而不谈"性"的问题了，孩子终归是要长大的。但她觉得，这些问题，还是让丈夫来解答比较合适，于是，她对儿子说："强强，这些问题晚上让爸爸给你慢慢解答……"

心理分析

不少父母发现，儿子正在一天天长大，昨天的他还是一个在父母怀里撒娇的男孩，今天他的个头比你还高了。昨天的他还是一个和邻居小朋友抢零食的小男孩，今天的他看见了女生都会退避三舍……此时，性健康教育成为摆在很多家长面前的一道不可回避的难题。

然而，面对这个问题，大人们似乎总是很害羞，大多数家庭仍然是谈"性"色变；有一部分思想开放的家长想给孩子提前教育教育，却又欲说还"羞"，不知从何说起。

可见，作为男孩的父母，我们有必要结合男孩身心发育不同阶段的特点，及时进行性生理、性心理、性道德等知识教育。

专家建议

1.转变观念，不可对男孩封闭性知识

青春发育是人生必经之途，由于性成熟而出现对性知识渴求和对异性向往是自然的。青春期男孩十分需要从正规渠道（当然包括父母）获得有关性与生殖健康的知识。如果封闭了正确的性知识，不但不能起保护作用，反而使男孩从其他渠道接受片面的、似是而非的，甚至色情淫秽的内容，妨碍其身心健康成长。青春期教育如果出现缺失和失误，在男孩成长史上就会留下无法弥补的遗憾。

2.从正面教育

很多家长为了避免儿子产生性尝试的欲望，往往从消极面教育男孩，如说性会导致艾滋病和其他疾病……当然，告诉孩子这些是必要的。但我们更要注重正面教育，要告诉男孩，正当的性是人类美好的东西。

当男孩向我们提出性问题时，作为家长，不要恐慌，这证明你的儿子已经长大了，应该为之高兴。同时，如果你的儿子做了一些诸如手淫之类的事时，既不要大喊大叫，也不要痛斥他们是什么"坏"孩子。手淫不会使男孩性狂热，性无知和羞怯才会对他们产生消极的影响。

3.充实自己的性知识，为男孩解疑答惑

为什么许多家长在与儿子谈论性问题时感到困难或者无从回答？这其中一个主要的原因是家长自身对这些问题也很迷茫。因此，家长应该学习一些有关性方面的知识来充实自己，了解一些性教育的方式方法。有了比较足够的知识准备，与儿子谈论性问题时才会有自信心。父母的自信心是轻松而有效地实施性教育的关键。

4.回答孩子问题时要态度自然，不可遮遮掩掩

青春期的男孩已经有了辨别的能力，因此，在对男孩进行正确性教育前，父母自己先要有正确的思想，而后才能以纯正观念教导他，提供适当的性教育，使男孩在很自然的情况下吸收性知识。另外，对男孩好奇的一些常规问题，家长既要如实相告，又不能太复杂，否则，只会让孩子更困惑。如人是怎样出生的？父母可以从植物结果讲起，接着联系到人的"性"与生殖，也可以从动物的生殖活动进行示范性比喻，浅显地介绍人类生殖的生理，有助于男孩弄清问题。

在很多有男孩的家庭中，父母总是避讳谈"性"的问题，而让儿子自己去摸索，往往使许多男孩因一时的"性"好奇而犯下错误。其实，父母是性教育的启蒙者，以自然、正常的态度教导男孩正确的性观念，才不会让男孩从一些非正面的渠道了解，才不会让他对"性"有错误的想法和观念，这样男孩才会身心健康地成长！

■ 引导孩子学会控制自己的性冲动

家长的烦恼

程先生有个很可爱很听话的儿子，叫程浩。如今的程浩已经14岁了。程先生和儿子的关系一直很好，儿子和他无话不谈，在外人看来，他们并不像父子，而像关系很铁的哥们儿。

这天晚上，程先生自己在房间上网，突然收到一封邮件，他打开一看，是儿子写给自己的。这孩子怎么回事，就在隔壁，写什么邮件？抱着好奇心，程先生读起了这封邮件：

亲爱的爸爸，我想这个问题更合适跟你讨论，妈妈是女性，我实在无法开口。

在我很小的时候，妈妈就让我养成了每天晚上洗下身的习惯，先是妈妈帮着洗，大一点儿后就换成了我自己洗。对于这个习惯我从未在意，只是把它当成一件跟洗脸、洗脚一样每天必做的差使。直到前不久的一天，我在洗的时候，突然想到了自己喜欢的一个女孩，事后，我觉得自己很可耻。我怎么这样？爸爸，你说我该怎么办？以后万一又性冲动了，我该怎么克制？

> 程先生欣慰的是，儿子能把自己当成朋友，什么话都跟自己说，要知道，性冲动这种事不是谁都有勇气开口的。不过，程先生也犯难了，该怎样跟儿子讲述这个问题呢？于是，他觉得应该先上网找找哪些方法可以帮助青春期的男孩克制性冲动。过了一会儿，他给儿子回了封邮件。

心理分析

很多父母和青春期男孩通常都认为，学习成绩好，听父母和老师的话就是好孩子，反之，一出现让父母或者老师不中意的事情就变成了坏孩子。很多男孩在性冲动后就觉得自己是个坏孩子，羞愧、自责甚至无心学习。实际上，父母都明白，性和吃饭一样，是人体必需的。因为，从生理角度上看，性冲动不受大脑支配而是由血液中的激素水平所决定的，是一种不以人的意志为转移的自然现象，也是一种自然能量的积累过程，当它积聚到一定程度就应该有一个合理的宣泄途径。因此，性冲动就产生了。

男孩在步入青春期以后，性器官日趋成熟，在性激素的影响下，会产生一些爱慕异性的情感。并且，在日常生活中，男孩还会遇到一些性刺激，如书籍、图像、电影等，这些都可能会让男孩产生性冲动，青春期男孩只要神经系统正常，大多会有正常的性欲，只是强弱不同而已。性冲动是客观存在的，有人偶尔发生，有人因性欲旺盛经常发生。但人是有理智的，在性要求非常强烈而出现性冲动时，也不能任意发泄，它必须受到社会的道德观念和法制观念的制约。

可见，父母要告诉男孩，青春期有性冲动是很正常的事，不必觉得羞愧，但青春期也是积累知识的阶段，你需要把精力投入学习中，对于性冲动，要做到自我克制。

专家建议

我们可以从以下几个方面告诉男孩学会调节和控制性冲动：

1.帮助男孩养成正常的生活和卫生习惯

要告诉儿子："平时，应注意外生殖器的清洁，避免不洁之物刺激生殖器。另外，要穿宽松的内衣睡觉，尽量避免对外生殖器的压迫和摩擦。"

2.引导男孩转移注意力，减少性冲动的来源

日常生活中，我们可以带男孩多参加一些积极健康的活动，远离那些黄色书刊和电影等，这样能有效减少男孩性冲动的发生。

3.教男孩学会自我教育

父母要在日常生活中锻炼男孩的意志，这样，一旦男孩出现性冲动、性紧张，他可进行自我调节、自我控制、自我暗示：要冷静，不要冲动。

总之，作为父母，我们要让男孩明白，青春期产生性冲动不足为奇，但也要学会以上几点自我控制的方法，要学会把注意力转移到学习上来，不可荒废了青春。

参考文献

[1] 吕顺朝.10~16岁青春叛逆期，这样跟男孩沟通更有效[M].北京：中国纺织出版社，2018.

[2] 凌云.10~16岁青春叛逆期：这样跟男孩沟通有效[M].北京：北京理工大学出版社，2014.

[3] 黄凤祁.好父母和男孩沟通的100个细节[M].北京：北京理工大学出版社，2015.

[4] 李少聪.非暴力沟通的父母话术[M].天津：天津科学技术出版社，2020.

[5] 蔡万刚.正面管教男孩的沟通细节[M].北京：中国纺织出版社有限公司，2020.